子育て家族の里山移住、ときどき起業。

山中麻葉

はじめに

大学生の時から18年間暮らした東京の都心部を離れ、群馬県高山村に移住をした私たち。夫は会社を辞め、私は出産を経て、人生の転換を迎えながらの移住でした。親族や友人が誰もいない里山での初めての子育て。最初は不安でいっぱいでした。でも、農業やＤＩＹに挑戦する過程で少しずつ交友関係が広がり、作物の販売をしたり、宿泊事業も起業しました。

私たちの決断の背景には、「アーミッシュ」という人たちが深く関わっています。アーミッシュはアメリカに住むキリスト教の一派で、現代技術に頼らず自給自足に近い生活を送る人々。けれど、影響を受けたのは宗教面ではなく、そのライフスタイル。彼らの文化から何を学び、なぜ移住したのかもお話しします。

田舎に暮らすことで、現代の日本社会の抱えるさまざまな問題を実感することにもなりました。さらに、移住者が地域社会に受け入れてもらうことのハードルの高さも。それでも、私たちは移住を決心して、本当に良かった。今、新たな夢の実現に向けて、奔走中です。

私たちの移住・子育て・仕事を含む田舎暮らし奮闘の様子が、誰かの励みや希望になれば。そんな思いで、この本を作りました。

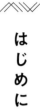

山中麻葉《まは》

1984年生まれ。東京での大学生活を経てIT企業に就職。将来のキャリアに悩み、30歳の時に退職し、オリジナルアパレルブランド「Down to Earth」を立ち上げる。結婚し東京で事業を営んでいたが、2021年に一家で群馬県に移住。現在、移住4年目。

Family

- 私…40歳
- 夫… 40歳
- 娘…3歳

Work

起業が目的の移住ではなかったけれど、
暮らしを営む中で新しい事業が自然に生まれていきました。

アパレルブランドを運営しながら、移住後に小規模な農業にも挑戦。高山村のお隣・沼田市の中古物件をリニューアルし、一棟貸し別荘を始めた。また、地域と移住の情報を発信するライターとしても活動中。

- オンラインアパレルブランド
- 宿泊施設運営
- 農業
- ライター業

Contents

第3章
移住後の仕事

第6章
移住で叶えたこと

第7章
これからの夢

群馬県高山村

群馬県の北部に位置する高山村。豊かな自然に囲まれた、人口約3,200人の小さな村。

近所の耕作放棄地（作物が栽培されていない農地）を借り、マコモダケというイネ科の野菜の栽培をスタート。村の農家さんたちに助けられながら、毎年少しずつ耕作面積を広げています。自宅から歩いて３分。家族でお散歩しながらの農作業です。

第1章

さようなら、東京

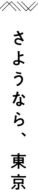

さようなら、東京

ここは、群馬県吾妻郡高山村。

山々に囲まれた小さな村で、人口は約３２００人（２０２５年２月現在）。村民の多くは農業に従事しており、畑や田んぼが広がる美しい景色は日本の原風景を思わせます。

私たちがここに移住したのは２０２１年10月。ちょうど、稲刈りが始まる頃です。田んぼの稲穂はこうべを垂れ、キラキラと金色に輝いていました。土手には赤い彼岸花が咲き乱れ、秋晴れの青い空とのコントラストにうっとりしながら、新居に向けて車を走らせました。

高山村には電車が通っておらずバスの本数も少ないため、移動手段は車が基本です。東京都杉並区に住んでいた私たちはマイカーを所有したことがなく、移住にあたって中古のファミリーカーを購入しました。

県境をまたぐため、引っ越し業者への支払いはびっくりするほど高額。今まで都内で何回か引っ越しを経験しましたが、それとは比べものになりません。車の購入費といい、引っ越し費用といい、これは便利で快適な都市生活を抜け出すための必要経費なのでしょう。

人間が暮らしていくために最適化された都市空間。その生活に慣れ親しんだ私たちの十数年間。東京には便利さと共にたくさんのチャンスがあり、私たちもその恩恵にあずかってきました。楽しかった思い出もたくさんあります。慣れ親しんだ街、よく一緒に遊んだ友だち、通い詰めた居酒屋やカフェ……、後ろ髪を引かれる思いがなかったかと言えば嘘になります。そこにそのまま居続ける、そういう選択肢もないわけでなかった。それでも私たちはあえてそこを後にしました。

さようなら、東京。

そう決心するに至った思いを、本書からくみとっていただけたらうれしいです。ひと言でいうと、この移住は夢を叶えるための初めの一歩です。期待と不安が入り混じりながらも、これからどんな人と出会えるのか、何を経験するのか、黄金色の稲穂が揺れる田園風景の中を走りながら、私たちは楽しみでワクワクしていました。

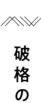

破格の広い新居

ファミリーカーの後部座席には、生後1カ月の娘がすやすやと眠っていました。この子にとっての「ふるさと」は、ここ高山村になります。本人がどう感じるかは分かりませんが、少なくとも母である私は、この子に自然あふれる環境をふるさととして用意できたことを誇らしく思いました。

私たち一家3人の新居は、村営の賃貸住宅です。賃貸といっても数階建てのアパートではなく平屋の住宅です。間取りは3LDKで、車が数台止められる駐車場と家庭菜園のできる庭がついています。初めてこの家を内見した時、地方の住宅事情のアドバンテージを実感しました。都内と比べて圧倒的に広く、価格も安い。聞けば、私たちの新居の家賃41000円は、村内の賃貸としては平均的な価格だそう。二階建ての住宅ですら同じような価格で貸し出されているんだとか。

家の中はきれいにリフォームされており、リノベーションは不要。新生児連れのため、すぐに暮らしを始められるのはとてもありがたいです。周辺には同じ村営住宅が数軒並び、道を挟んだ向かいには一般的な戸建て住宅も並んでいます。田舎らしい、いわゆる〝ポツンと一軒家〟ではないため、隣近所の住民と顔を合わせる機会は多そうです。うまく近所付き合いを始められるように、きちんと挨拶をしなくてはと、少し緊張しました。

私も夫も、仕事場はリビング。子どもの世話をしながら、合間に家事をしつつ仕事に取り組む日々。

特に決め事をしたわけではないけれど、日々の食事作りは夫が担当。私は野菜の瓶詰めなど、季節の手仕事担当。

家の南側にある広い庭。野菜やハーブを育てたり、洗濯物をのびのびと干したり。ただ、夏場の草刈りはひと苦労。

隣近所

田舎での人間関係やご近所付き合いについては、いくばくかの不安がありました。「村八分」という恐ろしい言葉もあるし、「田舎の人間関係は煩わしい」とも言われています。

そういう理由から、地域コミュニティーと関わらずとも暮らしが成り立つ別荘地へ移住する人も多いんだとか。でも私たちは、地域の人となじみながら暮らす未来をイメージしていました。東京に住んでいた時は無縁だった道路愛護と呼ばれる清掃活動やお祭り、運動会などの村内イベントにも参加し、地域の人々と関係を築きながら根をおろしていく心づもりです。

さっそく、手土産を持って向こう三軒両隣のお宅に挨拶に出向いたところ、拍子抜けするほどさっぱりとした対応でした。後で分かったことですが、村営の賃貸住宅があるため、このエリアの人たちは新参者によく慣れているとのこと。

村内でも、昔ながらの住民ばかりの伝統的な地区があります。そういう地域に入り込んでいくにはやはり、少し時間を要するそう。高山村という自治体の特徴は把握していたつもりでしたが、〝行政区〟と呼ばれる地区ごとにそれぞれの風土があるというのは意外でした。行政区ごとに独自の伝統芸能やお祭りも伝えられているようで、この里山の古くからの歴史を感じます。

移住のきっかけとなった
雑貨ショップ
「カエルトープ」のご夫婦と

高山村で生まれ育ち、Uターンで帰郷した飯塚和子さん（上）と武久さん（右）のご夫婦。両親が遺してくれた家をセルフリノベーションしてショップに。

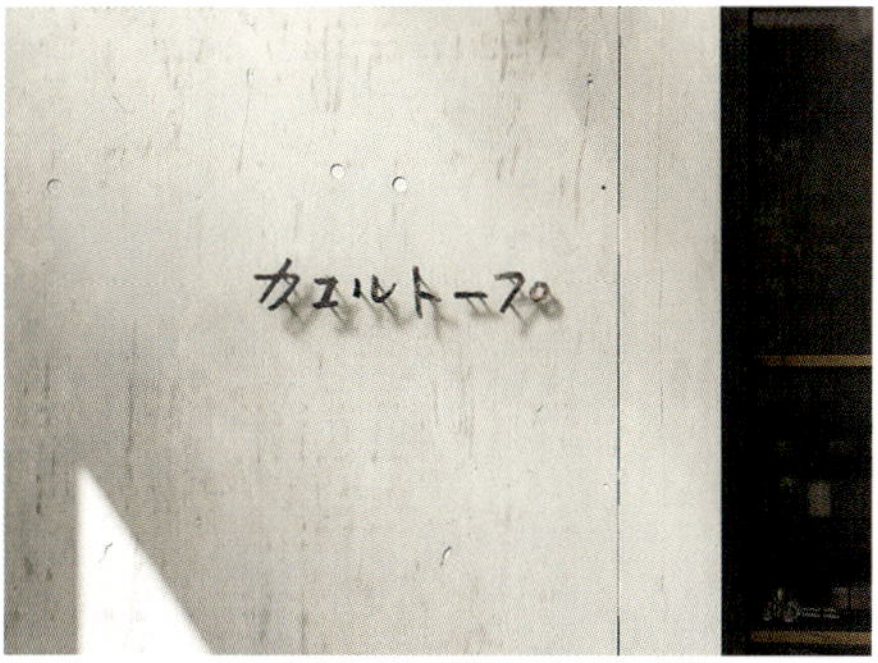

shop& ギャラリー
「カエルトープ」

open 10:30-16:30 ／
月・金・土(ときどき日曜日)
群馬県吾妻郡高山村尻高107-1

私たちのように、このお店の存在が後押しとなり、高山村へ移住する人が後を絶たない。詳しくはp.18へ。

なぜ高山村か

移住先を高山村に決める前、実は、長野県の八ヶ岳付近を検討していました。実際に訪れて物件を内見したり、現地の方の暮らしを見せてもらったのですが、なかなか自分たちが住むイメージが湧きません。八ヶ岳付近はブランド力があり、昔から避暑地として人気です。そのため、別荘や洗練されたカフェやレストランが点在し、田舎というより都会の風が吹いていているように感じました。

それはそれで田舎初心者にとってハードルが低いのですが、1つ問題が。

それは、賃貸物件が極端に少ないこと。不動産業者では、移住したいなら土地を買って新築の家を建てるか、たまに出てくるそれなりの値段の中古物件を即決で買うしか道がないと説明されました。なじめるかも分からない土地にいきなり家を所有するのは、庶民にとって合理的ではありません。人気エリアは思い切った初期投資ができるような余裕のある人しか移住できないのかと、やるせないような気持ちになってしまいました。

八ヶ岳エリアの移住計画が進まず悶々としていたある日、仕事で群馬県前橋市を訪れた際に耳寄りの情報を得ました。それは、群馬県の高山村の土地が非常に安価ということです。

私たちは移住の目的として、馬を飼うことを掲げていました。馬を飼うには広い土地が必要です。坪単価が安ければ安いほど、夢が叶う確率が高まります。さらに、高山村には「カエルトープ」というＤＩＹで作られた素敵な雑貨店があり、その店を営む夫婦の娘さんが移住・定住コーディネーターという仕事をしていることも教えてもらいました。それまで聞いたこともなかった高山村とはいったい、どんなところなのでしょう？

高山村視察

「できれば寒い日に視察に来てください。どれくらい寒いのかを知ったうえで検討するのが良いと思います」

オンラインの移住相談でもらったアドバイス通り、冷え込みの厳しい12月末に初めて高山村を訪れました。高山村は、標高が４２０～１２５０ｍある中山間地域。村への入り口である長い峠道を越えるとしだいに左右の視界が開け、広々とした盆地が見えてきます。畑の間を真っ直ぐの一本道が貫き、その先に村の中心地である特徴的な建物「道の駅　中山盆地」が眺められます。

畑に囲まれた一本道と言えば、思い出すのはアメリカのオハイオ州です。私は学生の頃からアーミッシュというキリスト教の一派を個人的に研究しており、オハイオのアーミッシュコミュニティーを何度も訪れていました。そこでは畑を縫うような道にアーミッシュの移動手段である馬車が当たり前のように行き交い、その牧歌的な風景にとても癒やされます。こんな風景が日本にもあればと漠然と願うようになっていました。

高山村のこの一本道はオハイオを彷彿とさせる、馬車が似合いそうな風景。この道を走り抜ける数分の間に、「もしかしたらここに移住し、いつか馬車を走らせる時が来るかも」そんなとっぴなイメージが広がりました。

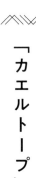

「カエルトープ」

最初に向かったのは、話に聞いていた雑貨店「カエルトープ」です。店長の飯塚和子さんと旦那さんの武久さん、そして移住・定住コーディネーターである娘の木暮咲季さんが迎えてくれました。

敷地には家族の住む母屋の他、鶏舎をリノベーションしたレンタルスペース、ギャラリーとして使える6畳ほどの小屋、焚き火スペースの東屋があります。母屋1階の客間は店舗スペースとして改修され、和子さんがセレクトした雑貨が陳列されています。

「ほとんどお金をかけず、もともとあった物や、もらってきた廃材でリノベーションをしている」と語る武久さんは、改修の話を楽しそうに教えてくれました。焚き火スペースに飾ってある世界地図のようにも見えるオブジェは、実は錆びたドラム缶のフタ。「こんなふうに飾るといっぱしのアートみたいで、かっこいいでしょ」と目をキラキラ輝かせながら語ります。

それまで、リノベーションの材料は店頭で買いそろえるものだと思っていたし、ゴミとして捨てられてしまう物が、使いようによってアートになるなんて、思いも寄らないことでした。細部にまでこだわりとセンスが宿るＤＩＹの数々は、和子さんが植栽を整えたロックガーデンと調和しながら独自の世界観を作り出していました。敷地内の隅々には動物のオブジェなどの遊び心のある装飾があしらわれ、見る人の心を躍らせてくれます。私たちはこのぬくもりある空間に心をほぐされ、同時に魅了されました。

しかも、この広い敷地内のリノベーションは、ほとんど業者を入れずに家族で協力して作り上げたんだとか。自分たちの手を使い、暮らすための場所を整え、そしてそこを外に開き、お客さまを迎え入れる。この姿は、私たちが移住し、馬を飼いながらやってみたかったことです。私たちが目指すような暮らしを既に実現している人がいるという事実は、高山村への移住を決断する大きな後押しになりました。

世界と繋《つな》がる夫婦

ちょうどその頃、私は娘を妊娠していました。このまま東京で子育てをするか、移住をして田舎で子育てをするか夫婦で話し合ったところ、後者が良いと意見が一致しました。なぜかって、都会の子育てはとにかく孤独な印象があったから。

よくあるのは、共働きで子どもが誕生し、ママだけが産休・育休をとるというケース。都会では地域の関係性が薄く近所付き合いもないため、困ったことがあっても頼れる人がいない。下手をすると一日中、子ども以外と話す機会がなく、社会と隔絶された感覚に陥り、しだいにメンタルを病んでいく人もいる。そんな都会の子育て事情を見聞きし恐れおののいていました。

でも、だからと言って、田舎での子育てが絶対的に良いのかは分かりません。よく言われる「田舎の方がのびのびと子育てできる」というのは本当なのでしょうか?

この疑問には高山村で3人の子どもを育てている同世代の夫婦が答えてくれました。

まず大前提として、都会であっても田舎であっても子育ては大変とのこと。

しかしながら、行政の子育て支援の手厚さによって軽減される負担も多く、その点では高山村は恵まれているそうな。出産ごとにお祝い金が進呈されたり、おむつの購入費用が助成されたり、生後8カ月から無料で保育所を利用できたり、中学2年生になると希望者は誰でもオーストラリアに滞在できるという海外派遣事業も教えてもらいました。

加えて、村では都会ほど地域の結び付きが希薄化しておらず、ママ友同士でスーパーへ出かけたり子どもを預け合うなどの機会も多い、と。また、広い広場や公園があるうえに、子どもたちは畑や田んぼ、野山を舞台に四季折々の外遊びを楽しむ機会に恵まれている。夏休みには庭にテントを張ってキャンプをしたり、アウトドアが日常になっているとのこと。そして、大人と一緒に地元のお祭りやイベントに参加することで、年齢の垣根を越えた人々との関わりの中で成長していくそう。

それと同時に、田舎は都会と比べて習い事の機会や、進学先の学校の選択肢が少ないという事実も教えてもらいました。私たちが何となく良いと感じていた田舎での子育てにもしっかり、デメリットがあるのでした。とは言え、地域で助け合う子育て、自然を体験できる環境、世代を超えた人との繋がりが、私たちにとっては子育てで重視したいポイントであったことから、やはり、田舎での子育てをとるべきだと納得することができました。

高山村の子育て環境のリアルを聞いて安心したのはさることながら、私たちはこの夫婦の人柄や活動内容にも惹《ひ》かれました。2人ともカナダで暮らした経験があり、英語が堪能。有機農園「Kimidori Farm & Kitchen」を立ち上げ、夫婦で経営。繁忙期にはWWOOFという制度を使って海外の人々を自宅に受け入れ、農作業を手伝ってもらっている。子どもたちは外国から来た人々が家にいることを当たり前のように受け入れ、彼らになつき、世界の異文化を知るという――。

高山村という山の中の小さな村に、こんなに国際的な夫婦がいるなんて、キツネにつまれたような感覚です。私は自分の心の奥底に田舎に住む人々に対して「閉鎖的」という偏見があったことに気がつき、猛省しました。

この夫婦は閉鎖的どころか、村という枠組みをはるかに超えて世界にまで通じているのです。令和のこの時代、どこに住んでいようが必要な情報を得ることができるし、発信することもできる。海外の人との交流もできる。閉鎖的になるかならないかは、その人しだいなのだと気づかされました。

第2章

田舎暮らしがスタート!

移住地が決定！

「もう少し他の移住先も検討した方が良いかな？」という私の問いかけに、夫が「選択肢を広げても同じだと思う。高山村は、俺が初めて移住したいと思った土地」と言い切ったのには、驚きました。

最初、移住に乗り気でなかった夫がこんなふうに言うとは、よほど高山村が気に入ったということです。高山村での視察では、「カエルトープ」の一家と「Kimidori Farm & Kitchen」のご夫婦の他、実際に馬をペットとして飼っている方や、自分たちで建てたログハウスで料理教室を開催している方などにも会わせてもらいました。確かに、彼らとの出会いとそれに伴う気持ちの高揚は、移住の決心を大きく後押ししてくれました。さらに幸運なことに、村営の賃貸住宅に空き室があり、多額の資金を費やさなくとも住まいを確保できることも分かりました。

移住の目的である馬を飼うことについては、いったん住まいを移してからゆっくり場所探しをすれば良いという結論に。こうして2021年9月、里帰り出産を経て、一家3人の高山村暮らしがスタートしました。

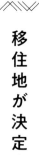

衣食住の自給率UP

私がライフワークとして研究しているアーミッシュの人たちは、衣食住の自給率がとても高いです。衣服は家庭で手作りし、広大な家庭菜園で作物を育て、家畜を飼い卵や牛乳、そして肉を得ています。大工や家具職人の仕事に就いている人が多く、厩舎《きゅうしゃ》や家、家具まで自ら作り上げ、改修もします。

アーミッシュのような暮らしに憧れつつも、とてもそこまではできません。しかしながら、少しでも暮らしのあれこれを自給する〝率〟を上げられれば、その過程はとても楽しいのでは？　都内の家では野菜を育てる広いスペースも金づちを振り回してＤＩＹに取り組むスペースもなかなか望めませんが、田舎であれば十分に余裕があります。

さらに、高山村には、アーミッシュのように作物を自給している人も、家畜を育てている人も、ＤＩＹを極めている先輩もたくさんいます。私にとっては彼らのノウハウと経験が宝物のようにピカピカと輝いて見えました。東京では何でもお金を支払って購入していましたが、ここでは自ら作り出すという選択が当たり前のように存在している。

田舎暮らしとは実は、とてもクリエイティブな暮らしのようなのです。東京暮らしで半ば諦めていたけれど、ここでならアーミッシュのような自給自足率のUPにチャレンジできそうだと、ワクワクしました。

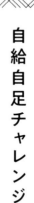

自給自足チャレンジ

アーミッシュのように、また高山村の人たちのように、暮らしの自給率の底上げを目指し、何の知見もない私たちのチャレンジが始まりました。

米作りの会に参加して無農薬のお米を栽培したり、家庭菜園で野菜やハーブを育てたり、近所の養鶏農家さんから雄鶏を引き取り、しめて、料理をしたり、ベランダにウッドデッキ、庭にレイズドベッドを設置したり……。とても楽しくて夢中になりました。周囲に自給自足生活を楽しんでいる人がいるからこそ、「私たちもこんなことしてみたい」というアイデアが湧き、そのアイデアを相談すると、詳しい人たちが方法を教えてくれました。移住当初は知り合いがほとんどいませんでしたが、自給自足のチャレンジをする過程でだんだんと縁が広がり、交流が深まり、しだいに友だちと呼べる人も増えていきました。

ある日、ふと気がつきました。東京に住んでいた時よりも、移住してからの方が知人や友人に囲まれている、と。人口は圧倒的に都会の方が多いのに、とても不思議な現象です。

なぜ田舎の方が友人を作りやすいのか。それは、農作業やＤＩＹ作業、そして多少の不便さが生む助け合いと協力が、人と人との距離を縮める力を持っているからではないでしょうか。

例えば一緒に田んぼに入り泥だらけになりながら田植えをし、炊き出しのお昼を頬張ること。例えば一緒に梅を収穫し、梅酒を仕込みながらおしゃべりすること。例えば一緒に金づちを振って、庭に物置小屋を作ること。このような「共同作業」を経ることで、人と人は連帯し、絆を深めていく。なんでも外注で解決してしまう現代で忘れてしまっていた、そんな昔の人にとっては当たり前のことを、改めて発見しました。

近代化前は、人々はこうして連帯を深め協力しながら生きていたのでしょう。逆を言うと、共同作業や助け合いのない社会において、人との距離を縮めるのは至難の業です。

カフェで一緒にコーヒーを飲むだけでは、飲み会で一緒に乾杯をするだけでは、会話は生まれたとしても連帯や絆の発生までは届かない。農作業やＤＩＹの機会が多い田舎が友だちを作りやすいというのは、至極当然の成り行きなのかもしれません。

人口の少ない田舎で友だちがこんなに増えるとは、移住前に少しも期待していなかったことでした。でも新しい友だちができるというのは、大人になってもやはりうれしいことです。

マコモダケ

ある日、同年代のお隣さんに誘われて、ツル編みの達人にカゴ作りを教わる会に参加しました。高山村ではちょくちょく、こんな手仕事遊びのお誘いが届きます。小春日和の青空の下、みんなでもくもくとツルを編み込んでいく穏やかな時間が流れていました。

達人は高山村生まれ、高山村育ちの60代。もともとは農協に勤めていたそうで、農作物の栽培や販売にとても詳しいです。話題は、移住してから日々実感している高山村野菜のおいしさについて。

達人曰く、標高が高く昼夜の寒暖差が大きいため作物に旨みが詰まるのだとか。私たちは特にマコモダケという作物が気に入って感動したと話すと、「マコモダケの栽培は簡単なんだよ。やってみれば?」と、とても軽い調子で返されました。「え、自分でも作れるの?」と、目が点になる私。そういえば、娘との散歩コースには誰も耕していない田んぼがある。例えば、そこで作ることもできるのでしょうか? 達人の答えは、Yesでした。

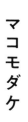

不純な動機

マコモダケは水質を浄化するとか、珍しい作物のため希少価値が高いとか、いろんなポイントに後押しされましたが、実のところなぜ栽培に挑戦しようと思ったかというと、高山村の人たちの仲間に入りたかったからです。

高山村では村民の多くが農業に従事しています。村内の温泉に行くと、おばちゃんたちが何を植えたとか何がダメだったとか、農作物の話題で盛り上がっています。村の若者も就農している人が多く、農家さん同士のコミュニティーがあることも分かりました。

私たちは出身も育ちも違うどころか、仕事もこちらでは珍しいアパレル業、村の人たちとの共通点をなかなか見つけられません。地域に根ざして暮らしたいと願うものの、人々との会話の糸口に困ってしまうことが多く、なじめきれていない感覚がありました。そこで、もし農業の「の」の字でもかじることができたら、もっと距離を縮められるかもしれないと考えたのです。

もしかしたら動機が不純なのかもしれませんが、高山村の人々とお近づきになりたい、農業のことを知りたいという発想から、私たちのマコモダケ栽培が始まりました。もちろん、これは自給自足率を上げる取り組みの一環でもありましたが。

耕作放棄地って？

田舎に暮らすまで知らなかったことですが、日本には農地法という法律があり、農業従事者以外は農地を所有することができません。つまり、移住してきてもすぐに畑や田んぼを取得することができないのです。

農業従事者以外がどうやって作物を栽培し〝農的暮らし〟を実現するのかというと、農地を所有している人から借りるという方法があります。賃借料の金額は自治体の農業委員会で水準が公表されており、高山村の田んぼの場合は「年間7000〜8000円／反」が2024年現在の目安です。一反とは約1000㎡で、およそ体育館2つほどの広さ。月1000円もかからずに十分な広さを借りられ、農業にチャレンジできるとは驚きです。早速、自宅近くの耕作放棄地の持ち主に相談に行きました。

その方はもともと家族でお米を作っていましたが、諸事情で継続ができなくなったそう。使っていなくても獣害防止と景観の維持のために草刈りはしなくてはならないので、その手間がなくなるならと快く貸してくれることになりました。

私は、農地を所有するなら作物を作り続けるか、さもなくば草刈りを続けなくてはいけないという事情に少々驚きました。しかも、売りたくても農業者にしか売れない。これでは地方の耕作放棄地が増えて問題になってしまうのも無理はありません。

作物を作るには相応の人手と健康な体が必要です。人が減り、身軽に動けなくなった途端、農地は作物ではなく負担を産む場所になってしまう。継ぐ人がなく、放棄されていく農地。しかも、現在の日本の農業者の平均年齢は67・8歳（農林水産省2020年統計）。これから20年後30年後、日本の食卓を支えるための有効な農地はどれほど残っているのでしょうか。そして、その農地を耕すことができる農業者はどれほどいるのでしょうか。

都会では想像したこともなかったのですが、私たちの食卓は実に危うい農業事情に支えられていることを知りました。そうすると、自分で米や野菜を作るスキルと場所があるということは、今後、命にも関わる重要な生活基盤になる可能性があります。それを自ら獲得し、そして自分の子どもにも手渡せるのであれば、それだけで農業にチャレンジする価値があると思うのです。たとえ、農業を本業にせずとも、です。

村のおじちゃん

マコモダケはお米と違い、収穫に機械が必要ありません。鎌一本で収穫できるので農業設備のない私たちでも挑戦しやすい……と思いきや、土作りのためにどうしてもトラクターが必要なことが判明しました。

近所の農家さんに相談すると、「やっといてやるよ!」と二つ返事で引き受けてくれたため、お言葉に甘えて毎年お世話になっています。こんなふうに私たちのマコモダケ栽培は多くの地元のおじちゃんたちに支えられています。

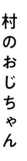

肥料の鶏糞の調達・散布はI氏、田んぼの周囲の土を固める「くろぬり」という作業はN氏、水を張ってから土をかき混ぜる作業はM氏、そしてツル編みの達人は栽培方法の相談に乗ってくれます。彼らは御年60～80代。だけど私たちよりもはるかに力があり、知識があり、大型の農耕車を動かすスキルがあります。ぶっきらぼうで口数が少なく、初めはとっつきにくいのですが、黙々と私たちを助けてくれる姿は、とても頼もしくかっこいいです。

東京に住んでいる時、近所のおじちゃんとこんなふうに交流するなんて考えられませんでした。おじちゃんに限らず、おばちゃんでもお姉さんでも、これほどの交流はまったくありませんでした。高山村に移住した今は幅広い世代の方と世間話をしたり、仲良くなればごはんを食べに行く機会もいただけて、交友関係が広がりました。

毎日が充実しているのは、子どもからおじちゃんおばちゃんまで、地域の人たちがさまざまな生活の背景や生きるスキルを見せてくれるからかもしれません。

村民になれた日

除草剤を使わずに栽培するマコモダケの田んぼは、梅雨から夏にかけて猛烈な勢いで雑草に覆われます。雑草よりマコモダケの方が成長エネルギーが強いとはいえ、1年目は心配で心配で、ついには手作業で除草することを決意しました。

1歳になろうとする娘をベビーカーに座らせ、田んぼの脇で遊ばせて、夫と2人、水の中に生い茂る草を根っこから引き抜いていきます。引き抜いた草をその場に捨てるとまた根付いてしまうため、田んぼの外へ勢いよくポーンと投げます。真夏に膝まで水につかりながら草を抜いて投げ出す作業は、とにかく過酷でした。

途中、近所のおばちゃんが何事かと様子を見に来てくれて、ぐずる娘をあやしてくれました。

汗と泥でびしょびしょになった私たちを見て、おばちゃんは「あんたたち、頑張ってるねぇ。これ、ご褒美だよ」と、採れたてのナスやキュウリ、トマトを袋いっぱいに差し出してくれました。

不思議なことに私はこの瞬間やっと、本当の意味で高山村村民になれたような気がしたのです。汗水垂らして農作業をして、その姿を村人に認めてもらう。それは、遠い昔から農業を生活の主軸にしてきた、この地で繰り返されてきた人々の営みの一場面なのかもしれません。おばちゃんのご褒美は「ようこそ高山村の暮らしへ」というメッセージのようにも受け取れました。もちろん、それまでよそ者だからと拒絶されていたわけではありません。単に自分の中で、周りの人たちに助けられるばかりで、安易な田舎暮らしをしているという後ろめたさがあっただけなのです。それが、この一件で随分と払拭されたのでした。

ちなみに、3年目の今、マコモダケの除草はほとんどしていません。なぜかというと、雑草を抜いても抜かなくても、マコモダケの収量にほとんど影響がないことが判明したからです！

泥まみれになったあの作業は無駄だったのでしょうか？　いや、私が村民としての自尊心を持つために、きっと必要だったはずです……。

加工のチャレンジ

初めてマコモダケが収穫できた日は感動的でした。

そろそろどうかしら？　と、見回りに行くと、茎の部分が白くなっている株がいくつもあるではないですか！　黒穂菌という菌の作用で茎がぷっくりと肥大化した部分、これこそがマコモダケです。早速鎌で刈り、皮をむいてそのまま口に入れてみると、コリッとした歯ごたえのあと、じゅわりと瑞々《みずみず》しい風味が広がります。何回か噛むと、ほのかな甘さが舌を包み、おいしい！　採れたてのマコモダケはまるで砂糖きびのようなほのかな優しい甘さ。生で食べてもえぐみや臭みがなく、サラダや漬物にも向いているのです。

一度収穫が始まると、毎日次々と茎が肥大化していきます。私たちは1本も無駄にすまいとこまめに収穫して、お世話になった方に配ったり家族や友人に送ったりしました。それでも、まだまだたくさん採れる採れる！　自家消費の量をはるかに超える収穫量のため、ついにはマコモダケの販売に取り組むことにしました。

販売場所は、私たちの運営するアパレルブランド「Down to Earth」です。洋服のオンラインショップにマコモダケが並ぶとは、なんともチグハグですが、たくさんの方が注文してくれました。しかしながら、次々と採れるマコモダケに、さすがに需要が追いつきません。農家さんたちは作物が採れ過ぎてしまった時、どのように解決しているのでしょう？

1つの答えは、加工して保存ができる状態にして販売する――いわゆる「6次産業化」です。しかし、加工にはさまざまなハードルがつきまといます。

まずはレシピの開発、そして材料の調達、加工所の確保、食品表示ラベル作成のための検査、販路の確保、採算の確保……。自分たちだけでは一連の流れを完結できず、関係各所と連携しないと販売までたどりつけません。こういう仕事、実は私、大の苦手なのです。

元来、言いたいことを躊躇《ちゅうちょ》せずに口に出してしまうタイプで、「それ言っちゃおしまいだろう」という空気の読めない発言で場を凍らせてしまうことも。私としては、「ではどうすれば良いのか？」という、その先の議論に進みたい気持ちで発言するのですが、伝え方が悪かったり、気配りが足りず空回りしてしまうのです。

そんなわけで、仕事でステークホルダーが増えれば増えるほど、苦手意識が先行してしまいます。でも幸いなことに、こういう他者と連携する仕事は、夫が得意です。私がお手上げ状態になると、夫が粛々とタスクを洗い出し、1つずつ進めてくれました。レシピ開発者と試作を繰り返して配合を決定し、村内にある加工所で試作を進め、専門機関の検査を受け、販路として、なんと高山村のふるさと納税の返礼品として出品する話までまとめてきました。

家族ながら優秀です。どうか娘にもみんなと仲良くプロジェクトを進められる特性が遺伝していますように……。

私はパッケージデザインのディレクションをしただけですが、晴れて高山村の道の駅での販売と、ふるさと納税の返礼品の出荷もスタートしました。

私たちが苦労しながらも毎年マコモダケ栽培と販売を続けているのはなぜでしょうか？

それは、楽しいからだけでなく一事業として可能性を見出しているから。マコモダケは手作業で除草しようとしない限り、本当に手のかからない作物です。

まだマニアックな野菜ですが、一部では高い栄養価からスーパーフードとして注目され、ブームの兆しのようなものが見られます。一度扱い方を覚えてしまえば、調理法は無限大です。サラダ、漬物、炒め物、煮物、天ぷら……毎日食べても飽きがきません。収穫シーズンが短いのが玉にキズなのですが、私たちは加工という解決法を手に入れました。

私たちのマコモダケ事業が耕作放棄地の活用や高山村の農業の知名度の向上に少しでも寄与することができたら、お世話になっているおじちゃんおばちゃんたちへの恩返しになると信じ、これからも栽培を続けていきたいと思います。

刻んだマコモダケとにんにく、オリーブオイルなどを合わせてペペロンチーノソースに加工しました。ゆでたパスタにあえるだけで手軽にマコモダケを食べられる商品です。高山村の道の駅「中山盆地」や「Down to Earth」のオンラインショップでも販売中。

マコモダケの育て方

イネ科のマコモダケは、畑ではなく田んぼで栽培します。種をとるのではなく、前年の株を割って苗にするため、一度育てれば何年も続けられます。

4月

寒い冬が終わると、田んぼでセリ、甘草、ノビルなどの山菜が採れ始めます。春を告げる山菜は、田んぼの土作りを始める合図でもあります。

5月

土作りの前に、去年のマコモダケの株をシャベルで掘り起こします。しっかりと根付いているため固く、とても力が必要。掘り起こした株を隅の方によけてからトラクターで耕します。その後、鶏糞をたっぷりとまき、土の栄養補給。田んぼに水を入れる前に、水がヘリから漏れるのを防ぐための「くろぬり」という作業で周囲の土を固めます。

6月

田植えに向けて、田んぼに水を張ります。十分に水が入ったら、トラクターで土をかき混ぜる「代《しろ》かき」。水と土が混ざり合い、細かな泥になれば田植えの準備完了。端によけておいたマコモダケの株をノコギリで細かく分けます。細かく分かれた1つひとつが、成長してまた株となる苗です。友人たちに応援に来てもらって、みんなで植え付けます。

7-9月

最初はか細いマコモダケですが、少しずつ少しずつ大きくなります。と同時に、雑草の勢いも増していきます。畦《あぜ》の草刈りは2週間おき、田んぼの中の雑草は、1～2回だけ水を抜いてから刈払機でざっくり刈り込みます。あとは、成長を見守るのみ。おたまじゃくしとカエルが大量に発生するので、子どもたちの遊び場となります。

10月

マコモダケは夏の終わりに急激に成長し、2mを超える背丈になります。秋が来て、冷え込む日が続くと黒穂菌が活性化し、マコモダケの茎が膨れ始めます。ぷくりと白い肌が見えるようになったら、収穫スタート。友人を呼んでみんなで収穫し、マコモダケ料理を楽しむのも定番のイベント。まとまった量が収穫できるようになったら加工所でペペロンチーノソースに加工し、道の駅などの販路にのせます。

11月

本格的に冷え込むと同時に、収穫終了。田んぼはそのまま放置し、次の春までお休みに入ります。

ご近所付き合いのこと「ゆっこさん」

私たち一家の高山村暮らしは多くの方に支えられていますが、一番お世話になっているのが「ゆっこさん」という近所に住む方です。

ゆっこさんは、高山村で「農家民宿ゆっこ」を営む農家のお母さん。ご夫婦で枝豆、サツマイモ、タラの芽などを出荷していますが、自家消費用に数十種を超える作物も育てています。「百姓なんだから、百種類以上は育てなくちゃならないのよ！」と冗談めかしながら、チャキチャキと毎日畑に出ます。娘と散歩に出かけると高確率で顔を合わせられるので、しだいにお散歩の目的がゆっこさんに会いに行くことに変わっていきました。

ゆっこさんは、会うたびに何やら想像を超える珍しいものを作っていて、とても興味深いです。鶏肉を大量に煮込んでいると思いきや、自家製のこんにゃくを作っているところだったり、ハチミツを採取したのかと思いきや、サツマイモをふかした際ににじみ出てくる芋蜜を集めたものだったり、切り干し大根を干していると思いきや、里芋の茎を干して「乾燥ずいき」というものを作っていたり……ゆっこさんの家で目撃するものは、人生で初めて見るものばかり。私にとってはミラクルワンダーな世界です。

そして、大体の場合それらのおこぼれをお土産に持たせてくれるのですから、つい足を運んでしまいます。私たちは高山村の、いや日本の昔ながらの食文化をゆっこさんから教わっています。このような郷土食の技術と知識を持っている人は、現代においてこの里山でさえも貴重な存在です。村内でイベントがあると、ゆっこさんは引く手あまた。

田植えで炊き出しをやって欲しいだとか、こんにゃく作りのワークショップをやって欲しいだとか、羽釜で新米を炊いて欲しいだとか、イベントに出店して欲しいだとか……大忙し。まだまだ元気なゆっこさんですが、この先誰がこの技術と知識を次の世代に繋《つな》いでいけるのでしょうか。

ゆっこさんが先人から教わり、さらに磨きをかけている加工技術や料理術が廃れてしまうのは、日本文化にとっての損失だと思います。ご近所に住む私が少しでもその一部を引き継ぐことができると良いのですが。

ゆっこさんのレシピ ❶

コンニャク芋から作る生芋100%の「ぷるぷるこんにゃく」

コンニャク芋は秋の収穫シーズンになると、高山村などコンニャク芋の産地の道の駅で買うことができます。こんにゃく用炭酸ナトリウムはネット通販で。生芋こんにゃくはスーパーで販売されているものとはまったく異なる食感と舌触りで、驚きのおいしさです。生臭さもありません。できたてはさらに絶品。この味を多くの人に体験してもらいたいです。生芋100%のため、お肌にうれしいセラミドもたっぷり入ってますよ。

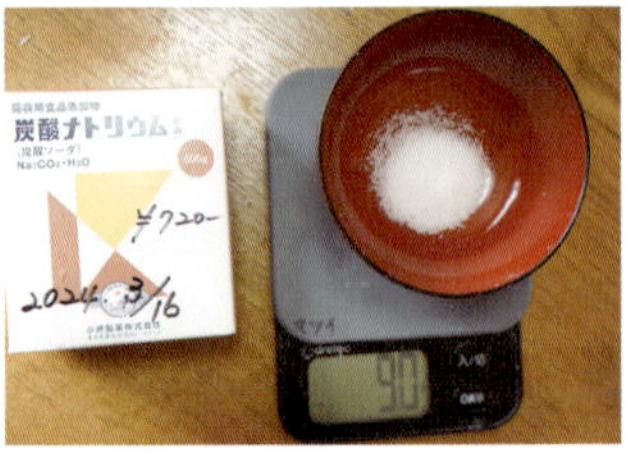

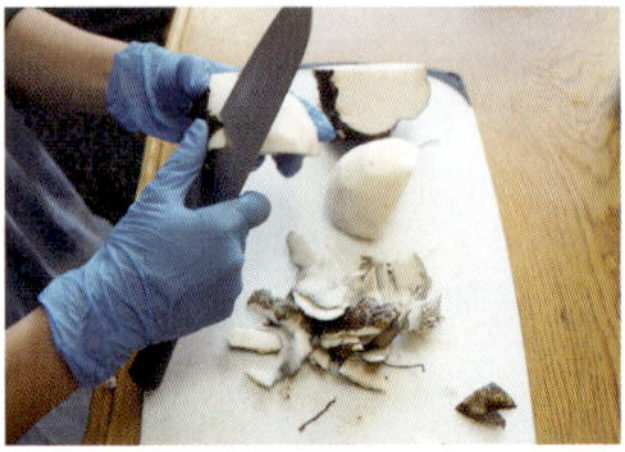

[材料]

※この分量で1500gくらいのこんにゃくができます

コンニャク芋…300g（皮をむいた状態で）、こんにゃく用炭酸ナトリウム…コンニャク芋の3%=9g、水…1200mℓ、お湯…100mℓ

[下準備]

コンニャク芋の皮をむいて2〜3cm角に切っておく。鍋に水600mℓを入れておく。炭酸ナトリウムを100mℓのお湯で溶かしておく。お湯1ℓくらいを沸かしておく（分量外）。

- コンニャク芋を素手で触るとかゆくなるので、ビニール手袋をする。
- 余ったコンニャク芋は皮をむいてカットして冷凍保存が可能。
- アルミ製の金色の鍋だと変色するのでステンレスやホウロウの鍋を使う。

・作りたてが一番おいしいので、完成したらそのまま切ってしょうゆと柚子胡椒で食べてみて。砂糖と味噌で田楽にするのもおすすめ。
・コンニャク芋によってでき上がりの色が異なります。ピンクだったり黄色っぽかったり。混ぜ方によって柔らかさや粘度も変わるので、こんにゃく作りは奥深く面白いです。

[作り方]

1 切ったコンニャク芋と水600mℓを30秒ほどミキサーにかけて撹拌《かくはん》する。

2 水を入れた鍋に**1**を入れて中火にかけ、焦げつかないようにかき混ぜる。

3 **2**がどろりとして固まり、透明感が出て、混ぜた時に鍋の底に線がしばらく残る固さになったら火を止める。

4 溶かしておいた炭酸ナトリウムを入れてさらによく混ぜる。

5 表面を滑らかに整えて、お湯（分量外）をゆっくりと注ぐ。お湯とこんにゃくが分離するので、お湯を注ぎながら鍋のへりからこんにゃくを優しく剥がしていく。鍋いっぱいにお湯を注ぐ。

6 たっぷりのお湯でこんにゃくをそのまま湯がく。湯がいているうちにさらに固まり、灰《あ》汁《く》が抜けていく。

7 こんにゃくをスクレーパーでカットして適度な大きさにし、ときどきお湯の中でひっくり返しながらまんべんなく火を通す。

8 30分ほどでお湯を取り替えて、さらに30分ほど湯がく。

9 火を止めてでき上がり。水に入れて冷蔵庫で1週間は保存できる。

「たからのやま　たかやま」

「農家は捨てる分まで作るんだよ！」

そう話しながら、段ボールいっぱいの野菜を持たせてくれるのは、ゆっこさんの旦那さん。私たちは「かずちゃん」と親しみを込めて呼んでいます。

移住当初の頃は、「こんなにもらってしまったら悪い」と心の底からおそれ多く感じていたわけですが、どうやら本当に余った野菜は廃棄することを知り、今では「捨てられるくらいなら」と進んで持ち帰るようになりました。かずちゃんに言わせると、ナスやトマトは、1人1本植えればワンシーズン食べるのに十分な量なんだとか。でも、病気になったりで育たない可能性があるから、「念のため」と5本以上植える。育てる手間はそんなに変わらないからということなのです。

結果、たいていの場合、家族の消費量を超える量が収穫できるようになるため、ご近所さんや訪れた人に配る。ゆっこさんとかずちゃんの家の玄関には、いつもお持ち帰り用の野菜が山ほど準備されているのです。時には畑に案内してくれて、収穫させてくれることも。私はかずちゃんに見せてもらうまでオクラが尻尾を上に向けて実ることも、そら豆が空を向いているから「そら豆」と呼ばれることも、ニラが収穫しても繰り返し再生することも、青唐辛子と赤唐辛子が同じ作物だったことも知らなかったのです。

自分が普段食べているものがどのように育ち、実るのかを知ることはとても楽しく意味のあることです。高山村には観光施設こそ少ないですが、多品種を栽培する農家さんはたくさんいます。定番野菜から、ちょっと珍しい伝統野菜まで。これらの作物が育つ現場には、話題の観光スポットとはまた別の面白みがあり、学びがあると感じます。

高山村はこんな言葉を宣伝文句にしています。

「たからのやま たかやま。自然と人の手が紡ぐ穏やかな風景広がるこの村で、人のあたたかさ、豊かな里山資源、こころから受けとれたなら、ここはたからのやま」

人の流れは地方から都会に流れるばかりですが、今、改めて里山にある魅力、田舎にしかない体験に価値が見出され、実際に移住する人も増えています。それは、人々が物質的な豊かさではない本当の意味の、自分なりの幸せを考え始めているからではないでしょうか。ゆっこさんとかずちゃんの畑には、そのヒントが詰まっているような気がします。私にとってここはまさに、お宝スポットの「たからのやま たかやま」なのです。

旨みの秘密はスルメ！ 超厚切り大根の「しみしみおでん」

高山村の村民にとっては、もはや定番のゆっこさんのおでん。分厚い大根ですが、「おでん大根」という品種の大根を使うことで十分に味がしみ、おいしく仕上がるそう。おでん大根は一般的な大根と異なり、煮くずれせずにトロトロの食感になるという特徴があります。都会だとなかなか見かけないかもしれませんが、道の駅や農産物直売所で秋から冬にかけて見つけることができます。ゆっこさんのおでんの隠し味は、スルメ。イカの旨みが加わることで、出汁のコクと風味が倍増します。

味がしみやすくて柔らかな食感のおでん大根。もちろん、ゆっこさんの畑で育った自家製です。

具材は「その時の気分とか、あるもので作る」と語るゆっこさん。今日は、レシピ❶で作ったこんにゃくとちくわを投入。

[作り方] ※材料と分量は味を確かめながらお好みで

1 昆布とかつおぶしの合わせ出汁を作る。

2 スルメをコンロであぶってから2～3cm幅に切って1に加える。あぶることで臭みがとれ、香ばしさが出る。

3 おでん大根の皮をむいて厚めに切って加え、煮込み始める。

4 しょうゆ、砂糖、塩、みりん、酒を入れて味を調える。

5 こんにゃくや練り物など、お好みのおでんの具を加える。

6 大根に串がすっと入るようになったら火を止める。

7 味が十分にしみる翌日が食べ頃。

農家民宿 亀久保ゆっこ

群馬県吾妻郡高山村尻高甲2174
1日1組限定（定員1～5名）の民宿
1泊2食付き一人5,000円
（お風呂は近隣の温泉を利用）
予約：電話0279-63-3685

春から秋にかけて、+1,500円で収穫体験ができます。春は山菜、夏は枝豆やトウモロコシ、ナス、キュウリ、トマトなどの夏野菜、秋は大根や白菜、サツマイモなど。他にこんにゃく作り体験もあり。

移住のあれこれQ&A

Q1 都会と比べると不便さを感じる？

A1

不便さは感じません。高山村は四方を大きめの市（渋川市、沼田市）、町（みなかみ町、中之条町）に囲まれているため、スーパーやドラッグストア、さらには病院も、車で20分圏内にいくつかあります。さらに、**都会よりも買い物がずっとラク**。広々とした店内は人が少なくゆったりと買い物ができます。荷物が重くなったとしても**車で運ぶので負担になりません**。東京では歩いてスーパーに行き、重い荷物を抱えながら帰宅していたので、もしかしたらより便利になったかもしれません。

Ａｍａｚｏｎや生協など、自宅に商品を届けてくれるサービスも利用すれば、生活必需品の買い物には困りません。ただ、百貨店などでショッピングを楽しみたい時は、車で1時間ほどのドライブが必要。私たちはよく、「コストコ」や「ＩＫＥＡ」のある前橋市に出かけています。

Q2 ライフスタイルはどう変わった？

A2

東京ではいろいろなサービスにお金を使う日々を送っていました。お昼は街のレストランでランチを食べて、仕事後はホットヨガへ。帰りがけにそのまま居酒屋やバーで乾杯。週末は新宿で映画を鑑賞してからカフェで休憩、そして買い物へ。

都会は誘惑が多く、消費活動がライフスタイルの中心になっていました。私はこのまま、稼いだお金をすぐに消費するというスパイラルから抜け出せないのかと自己嫌悪に陥ることもしばしばありました。

それが、移住後はいとも簡単にこのスパイラルから抜け出せたのです。高山村にはバーもヨガスタジオも映画館もありません。こと消費先となると、本当に高山村は「なんにもない」のです。

でもそれは同時に、**あるものでなんとかする**

里山暮らしが気になる人、地方移住を検討している人から
よく質問されることをまとめました。
移住のイメージを描くご参考に。

という工夫が生まれることを意味します。夫は料理への探究心に火がつき、腕がメキメキと上達。レストランで食べるようなおいしい料理を作るようになりました。

　仕事の合間の息抜きはカフェではなく近所の散歩です。ホットヨガでの体のメンテナンスはできなくなりましたが、作物の栽培で土とたわむれたり山菜を採りに山に入ったり、体を使いながら食料を得るという棚ぼた的な〝エクササイズ〟を楽しむようになりました。

　仕事帰りの居酒屋での乾杯は私の大好きなルーティーンでしたが、これもなくなりました。代わりに、一日の疲れは近所の温泉で拭い去り、ご近所さんと飲みながら夜ごはんを食べたり、週末にみんなでBBQするといったことが新しい習慣になりました。

　こうしてお金を使う機会はグンッと減ったのですが、楽しみやリフレッシュ方法がなくなったわけではありません。**都会とはまた違う方法で、同じように楽しめるやり方**がこちらにもあるのでした。

Q3 田舎暮らしはお金がかからない？

A3 無駄な消費がなくなったことで我が家の場合、生活費は半分くらいになりました。一番大きいのは**家賃が1／4**になったこと。ただ、田舎はお金がかからないかというと、**落とし穴が多い**のも事実です。

　まず、東京ではゼロだった車両維持費用がかかります。**ガソリン代、保険代、冬用タイヤ代、車検代**……これらは月々数万円以上。それと、**プロパンガス代**は都市ガスより高くなります。**冬の暖房費**もかさみます。また、都市型のライフスタイルを維持するべく街中へ通うようになると、やはり消費活動に比例してお金が飛んでいきます。

　そういうわけで、私たちのケースでは生活費が半分になりましたが、移住してからの出費額がそんなに変わらないという移住者も少なくありません。ライフスタイルが都会と変わらなけ

れば、**田舎暮らしでも出費はそれほど減らない**というのが結論です。

Q4 気の合う友だちはできる？

A4 引っ越し日の挨拶まわりで驚いたのは、隣の家に関東から移住した夫婦が、同じ日に越してきていたことです。この夫婦とはのちのち親交を深めることになり、今ではお互いの家を行き来してごはんを食べたり、作り過ぎたおかずやもらい過ぎた野菜を分け合うような関係になりました。困ったことがあれば助け合ったり、落ち込んでいる時は励まし合ったり、友人関係を築いています。

すぐお隣に似た境遇の気の合う友だちが住んでいるというのは、実に楽しく、頼もしい。娘にとっては叔父さん叔母さんのような存在であり、成長を見守ってくれていることもありがたいです。

Q5 冬はとても寒い？

A5 高山村は寒冷地のため、冬は冷え込みます。12月~2月は、**日中でも2~3度**までしか上がらないこともしょっちゅうです。でも不思議なことに、体感としては寒くないのです。それは、**移動の基本が車**だから。

寒空の下歩いて駅に向かったり、風を受けながらホームで電車を待つことがありません。そのため、東京で着ていたロング丈のダウンジャケットは高山村では着る機会がありません。家の中は**寒冷地用の暖房設備が整っている**ので、エアコンだけで暖めていた東京の家よりもぬくぬくと過ごせています。

高山村では、年に1～2回、30cmくらいの積雪があります。

Q6 地方で起業したい。まずどうすれば？

A6 田舎で個人が起業するのは難しいと多くの方が感じると思いますが、**私は田舎ならではの強み・メリットもある**と感じています。その1つとして、イベントやマルシェの開催頻度が多く、**出店料が安価**なことが挙げられます。こういう場所に出店すると、お客さんの反応を直接見ることができるため、非常に**マーケティングがしやすい**のです。その場で十分な売り上げが出る場合もあります。

群馬県各地で開催されるイベントに連続して出店することで、生計を立てている作家さんもいます。私自身も県内のイベントに出店し、新商品の試験販売をしたり、在庫のハギレ生地を処分価格で販売するなどの活用をしています。

思い返せば、私が東京でアパレルブランドを立ち上げた時も、初めは手作り市に参加しました。まだオンラインでの売り上げが多くなく、自分の作品に確固たる自信がない時です。不安を抱える初出店では、多くのお客さんが立ち止まってくれました。中にはオンラインで購入したワンピースを着て来場してくれた方もいて、直接応援の言葉をかけてもらい、どれほどの励みになったことでしょう。

地方では、この手作り市のような機会が都会よりも多く、あちこちで開催され、**参加するハードルも低い**です。何かビジネスを始めたい人は、この環境を活用しない手はありません。

Q7 地方で事業を営むのは難しい？

A7 都会と比べて圧倒的に人が少ないので事業としては不利な面がありますが、有利な点もあります。人が少ないということは、**事業者も少ない**ということ。例えば、商工会に加入するとサポートを受けやすいというメリットがあります。

各エリアによって商工会のサポート内容は異なるので詳細は確認が必要ですが、私たちは「**専門家派遣制度**」をよく利用しています。ロゴを作成したい時はデザイナーさん、商品撮影をしたい時はカメラマンさん、というように、その道のプロの方を派遣してもらえるとてもありがたい制度です。起業の際のブランディングやビジネスプランの検討にも適切なコンサルタントを手配してもらえます。

他にも、**安価で土地が手に入る**ため、スペースや設備が必要な事業は田舎の方がチャレンジがしやすいと言えるでしょう。田舎ならではの有利な点を活用していければ、地方でも事業運営は決して難しくありません。

Q8 地域になじめるか不安

A8 移住者に優しい地域もあれば、過去に起きた何かの出来事がきっかけで、移住者に厳しい目を向ける地域もあると思います。それは、その土地に先に移住している先輩たちがよく知っているはず。そういう**先輩移住者の声にまず耳を傾けてみる**と不安が解消されるかもしれません。

また、ただ暮らしを営むだけでなく、**地域のクラブ活動やサークル活動、文化活動などに参加する**というのも、その地域になじんでいく1つの方法です。高山村にも卓球やバレー、サッカー、郷土芸能の和太鼓など多数の地域活動が存在します。どの自治体でも役場に問い合わせてみると、どういう活動がどんなふうに開催されているかを教えてもらえると思います。

私自身は特定のクラブに加入しているわけではないのですが、卓球大会やフットサル大会など、村内のスポーツイベントにたびたび参加しており、村の人と知り合うきっかけになっています。夫のほうは太々《だいだい》神楽の踊り手として地域行事に関わっており、随分と交友関係を広げています。

第3章 移住後の仕事

どうする!?　仕事

一般的に、移住の際にまず課題になるのが「仕事」。

私の場合、東京を拠点としながらオンラインのアパレルブランドを営んでおり、その仕事をそのまま高山村に持ってきました。

東京を拠点としたブランド運営はさまざまな点で有利です。生地メーカーの店舗や生地の問屋街が多くあり、豊富な品ぞろえの中からリーズナブルに仕入れができます。街に出ればハイセンスな人々と容易に出会え、トレンドをいち早くキャッチする機会にあふれています。さらにブランドを立ち上げてから5年の間、何度も展示販売会を開催し、東京を中心とした顧客基盤を作っていました。これらの好条件を捨て去るのは、ブランドにとって大きな痛手となります。

私にとっての移住とは、それだけの価値があるのだろうかと自問を続けました。それでもやはり、移住したかった。それならば、住む場所にとらわれないように自分の仕事の体制を整えていこうと発想を転換していきました。自分で自分の仕事のコントロールができることが自営業の特権です。もともと、働き方を自分の意思で柔軟に変えられるように会社員から自営業を選択したのですから。

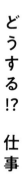

高山村は東京から車で2時間半。年に数回の頻度であれば出張して展示会を開催することも難しくありません。そうすれば、東京の顧客基盤を守ることができます。生地の仕入れは遠隔でもなんとか対応が可能です。すでに仕入れ先各所との関係性が構築できているうえ、私自身の目利きレベルも上がっているはず。配送やオンラインなどのツールを利用すれば最適な生地を探し出すことができるでしょう。東京がハイセンスな街であることに間違いはありませんが、自然と近い環境に住むことの優位性も見過ごすわけにはいきません。

私はどんな人工物よりも、自然の造形が一番美しいと感じます。山の稜線の陰影や動物の毛並み、葉っぱの葉脈、花々の色みには不変の美が宿っています。街を歩く流行の装いの人々を見るよりも、自然の美の中に身を置く方が唯一無二のインスピレーションが湧いてくるような気がします。

一度考え方を変えてみると、移住できない理由ではなく、移住できる理由が次々と湧いてきました。リスクはあるけれど、それを上回るメリットがある。そう判断することにしました。実際に移住してみると、田舎でビジネスをするメリットも多く発見するようになりました。「地方は仕事がない」と言われて久しいですが、地方ならではのメリットを活かして自分で仕事を作り出すことは不可能ではありません。就職するなら・起業するなら・高賃金を得たいなら都市へ、そんな一般論に流されずに田舎で挑戦をする人は、これから増えてくるのではないでしょうか。そういう人たちを、私は応援していきたいです。

人々の関心

総務省は令和5年度の全国の移住相談件数が過去最高になったと発表しました。今、これまで以上に人々の関心は都会から地方へ、都会暮らしから田舎暮らしへシフトしているようです。私自身も移住してからそれを身をもって感じました。

例えば、近所のおじちゃんの畑でラズベリーを摘んだとか、散歩中にコンニャク芋の栽培風景を発見したとか、植えたハーブから種が採れたとか、私たちの田舎暮らしの些細《ささい》な報告に、SNSを通じて多くの方が関心を寄せてくれます。もちろん、私自身もこういう生活の中の小さな出来事に感動し、とても価値を感じているからこそ発信するのですが、その発信にここまで多くの共感があるというのは予想を超えていました。

都会の流行のレストランで食べるランチもいいけれど、田舎のおばちゃんの家で振る舞ってもらう郷土料理にも同じくらいの価値を感じる。そういう感覚が珍しくなくなってきている。これは、情報とモノとサービスが氾濫《はんらん》し、流行が一瞬にして陳腐化してしまう現代において、当然の流れのような気もします。〝流行の消費〟よりも、人との関係性やその土地ならでは、その人ならではのモノやコトに触れることの価値が、今、改めて問い直されているのではないでしょうか。

私たちのささやかな田舎暮らしは、新聞や雑誌やラジオ、ネットメディア、さらにはNHKの全国放送でもドキュメンタリーとして放映されました。幸いなことに、メディアへの掲載をきっかけに私たちのアパレルブランドを知る人が増え、おかげさまでこれまでビジネスを継続できています。都会から田舎に住まいを移したことそれ自体が、思いもよらない波及効果をもたらしてくれたのです。

私が立ち上げたアパレルブランド「Down to Earth」は来年、10周年を迎えます。もし東京を拠点にし続けていたら、他の多くのブランドに埋もれて事業は尻すぼみし、10年も続けることはできなかったでしょう。田舎で事業を行うからこそ注目されるという現象は、アパレルに限らず他の事業形態にも当てはまると思います。

夫の変化

移住を通じてライフスタイルが変化したのは、私よりも夫の方です。

大学を卒業してからずっと会社員だった夫は、都会生活が大好きでした。忙しく働きながらも友人や同僚とはしご酒を楽しみ、マニアックな映画が好きで、週末はミニシアターに通っていました。専門商社のいわゆる出世街道を歩んでいたので、年収もそれなりにありました。

でも、夫の心の中には、このままずっと競争社会の真ん中で戦い続けられるのだろうか、という漠然とした不安があったそう。年上の上司を改めて観察してみても、夫には決して幸せそうに見えなかったのです。私の妊娠をきっかけに、移住が正解かは分からないけれど、いったん前線を退いて、私の事業をサポートしながら子育てに専念してみようという気持ちになっていきました。

夫の心境の変化を聞いた時、そしてついに会社員を辞めた時、私は心の底からうれしかったです。夫の心と体にのしかかっていた仕事のプレッシャーの大きさは、そばから見ていても明らかでした。

深夜まで会議があったり休日に作業に追われたり、日々の暮らしの主導権は夫自身よりも会社の方にあるように見えました。自分の人生を会社にコントロールされてしまうというのは、できれば避けて欲しいことです。しかもこの状態で子育てに突入したら、私のワンオペ育児になることは明らか。私自身のアパレル事業もストップしてしまうでしょう。それが、仕事を辞めて私の事業に参画してくれることになるとは、願ったり叶ったり。夫は収入面を不安がっていましたが、生活に困窮した場合の策をいくつか考えておくことで、退職に踏み切ることができました。

地方での仕事の見つけ方

夫は退職に踏み切る前に高山村近辺の求人情報を調べ、万が一の場合に就職できそうな求人の目処《めど》をつけておく作業をしていました。地方では都会のように民間の人材エージェントや求人サイトが普及していないため、一番の情報源はハローワークです。ハローワークはオンラインでも求人情報を閲覧できるので、都会にいながら全国津々浦々の求人をチェックでき、就職活動をした場合のイメージを膨らませることができます。

夫の場合は工場でのオペレーターの仕事や林業を候補として考えました。さらに、会社に退職の意思を伝える際、「いつでも戻ってきて」との言葉をかけてをもらい、実際にその可能性があるかは別として、精神的には少しラクになって退職できたという経緯がありました。

ハローワークの求人情報を調べると、都会と地方の求人情報の差異に愕然《がくぜん》とします。特に夫のように企業の総合職のキャリアを積んでいる場合、その経験や知識を活かせる職場は限られてきてしまいます。そういう地方に求人の少ないキャリアを持つ人が移住を検討する際は、そのキャリアを継続したいというこだわりを手放せるかどうかが、非常に重要になります。夫もだいぶ悩んでいましたが、その覚悟ができたことを、今では誇りに思っているようです。

育児も家事も2人で

夫と2人がかりで事業を営みながら子育てをする毎日は、非常に穏やかで充実したものになりました。毎日、娘の成長の変化を喜び合い、心配事は2人でシェアして半分に、新生児期もイヤイヤ期も協力しながら乗り越えました。

娘が1歳頃、家族で川の字になってゴロゴロと過ごしたときのこと。娘は私の顔を見て、次に反対を向いて夫の顔を見て、とてもうれしそうにニコニコと笑いました。その満たされた笑顔は、「お父さんとお母さんが両隣にいつもいて、私は幸せ」と言っているようでした。たとえ収入が減ったとしても、娘のこの満たされた笑顔を見て、この働き方、この子育て体制を築けたことを夫に心から感謝したものです。

少しずつ育児に余裕ができてくると、夫は自分の移住経験を活かせる移住・定住コーディネーターという職を村から委託されることになりました。昔のように組織に所属して決まった勤務時間のある仕事ではなく、個人として受注する業務委託の仕事です。

育児とアパレル業を続けながら、しかも村内でできる仕事は、私たちの暮らしにとてもフィットしていました。洗濯、料理、掃除に私よりも熱心に、こまめに、楽しそうに取り組む夫の姿を見ていると、本来はこういう家庭的なことが好きで向いている人だったんだと納得します。仕事をバリバリできなくなってフラストレーションが溜《た》まることを心配していましたが、それも杞憂《きゆう》だったようです。はしご酒やミニシアターが恋しくなることはあるようですが、今のところ、前線を退いたこの暮らしを楽しんでいるようです。

目指すは馬を飼う暮らし

私たちの移住の一番の目的は、「馬と暮らすこと」です。なぜ馬かというと、やはり私のライフワークであるアーミッシュ文化研究に起因します。

アーミッシュは主な交通手段が馬車のため、どの家庭にも馬がいます。子どもたちは大人と協力しながら馬の世話をし、馬と密接に関わりながら成長します。日本ではまだあまり知られていないのですが、馬と関わることは人間の心と体にさまざまな好影響をもたらします。

欧米では「ホースセラピー」という分野が学問としても、医療としても確立されているほどです。私はアーミッシュの人たちがアメリカという国の中でも独自の文化を保ちながら生き抜き、むしろ人口を増やし安定した経済力を得て繁栄を続けている要因の一つは、馬と暮らしているからなのではないか、という仮説を抱くようになりました。

それは、私自身が発見したというよりも、東京大学名誉教授である安冨歩さんとの交流の中で気付かされたことです。安冨さんとはアーミッシュ研究を共通点として知り合い、同世代の子どもを持つ友人同士でもあります。

安冨さん自身も馬との関わりの中で本来の自分を見出し、人生が変わり、現在は大分県の山間地域の古民家で家族4人と馬2頭と暮らしています。私たちが目指す暮らしは、まさに安冨さんが大分で展開している馬と人との生活です。その生活は、現在の村営住宅では実現できません。賃貸物件ですから、馬はもとより犬や猫すら飼うことができないのです。

空き家問題

高山村に移住した直後から、馬を飼える物件を探し始めました。高山村には誰も使っていない空き地や、空き家、そして広大な土地はいくらでもあります。そんな風景を毎日見ていたものですから、理想の物件もすぐに見つかるだろうと高をくくっていました。

しかし、空き家、空き地が「ある」ことと、その土地を「買える」ことはまったく別問題だったのです。家や土地が空いていても、持ち主はよっぽどの事情がない限り売りに出さないのです。この事実には愕然《がくぜん》としましたが、日本中のどこでも同じ事情だということがあとから分かりました。

つまり、空き家、空き地は無数にあれど、ごくわずかしか市場に出てこない。その理由は、老朽化が進んでいて人が住める状態でないとか、荷物が残っていて片付けられないとか、親族の間で意向が一致しないとか、放置した方がコストがかからないとか、多岐にわたります。

高山村を具体例として挙げると、2020年の調査では村内に約200軒の空き家があり、その時期に不動産業者で取り扱われていたのは10軒にも満たない数でした。それに対して、年間の移住相談は70件ほどあるそうです。相談者の中には、「移住したいけれど住む家がない」という理由で諦める人も。移住者を誘致して人口を増やしたい地方自治体にとって、なんという機会損失でしょうか。移住者を受け入れる住宅がないというのが現代の全国的な移住事情なのです。

私たちもこの実情の中、移住はできたものの定住地探しに苦労しました。売りに出ている物件を内見するだけでなく、気になる物件の持ち主に直接働きかけたりもしましたが、話は進まないまますぐに2年がたってしまいました。

いっときは高山村を諦め、安富さんはじめ友人の多い九州に再移住しようかと検討したほどです。しかし九州は自分たちの実家からはるか遠く離れてしまうという理由で最終的に断念し、今度は高山村の近隣自治体に範囲を広げて探しました。最終的にお隣・沼田市で理想に近い物件に出会い活動場所として決めることになりましたが、3年間の物件探しには本当に苦労しました。各地に足を運んだため時間も費用もかかりました。

1つひとつの物件を真剣に検討するため、夫婦で意見が合わずに押し問答することもありました。しかも沼田市で見つかった物件が100点満点の条件かと聞かれると、そうではないのです。やはり、私たちは大好きになってしまった高山村に住み続けたい。沼田市の物件を取得してからもなお、その希望は捨てていません。

ビジネスモデルを考える

物件を探している間、懸念し続けていたことがあります。

それは、馬を飼った場合の我が家のお財布事情です。東京を離れ生活コストが半減したとはいえ、家族3人に加え馬という大食漢まで食べさせるほどの余裕が私たちにあるのでしょうか？　馬を飼うならば、それまでに世帯収入を上げておくことが必要です。そこで、新しいファミリービジネスを立ち上げることに決めました。

新しいビジネスモデルを考える作業は、私はとても好きです。田舎に暮らしてみると、まだ発掘されていない価値が多くあることに気がつきます。いいな、素敵だな、心地良いなと感じるモノ・場所・コトがあり、もしそこに誰も手をつけていないようなら、そこにはビジネスの糸口があると思います。そういうダイヤモンドの原石のようなチャンスを見つけるたびにこれをこう磨いて、こういう方法で世の中に紹介してみたらこういう人たちがこういう価値を見出してくれるのでは？　そんなことを妄想するのが習慣になっていました。

しかし今度は妄想するだけでなく、自分が本当に実践し、収益を上げていかなくてはいけません。よりシビアにビジネスを検討し始めました。夫はビジネスプランを練り上げるため、「ぬまた起業塾」という沼田市が主催する起業家養成講座にも通い始めました。

起業のための初融資

馬とともに生活していくための新しいファミリービジネスを夫婦でさまざま検討した結果、「馬と触れ合える宿泊施設」というアイデアに絞られていきました。馬がいること、観光が盛んな立地、購入した沼田市の家が活用できること……さまざまな条件を組み合わせ、かつ今の時代に求められることを考慮して結論づけました。

さっそく、近隣で私たちの構想する事業モデルに似た宿を運営する方々に話を伺いました。知り合いたい人とすぐに繋《つな》がれるというのも田舎の強みです。たいていの場合、1〜2人たどるくらいでコンタクトをとることができます。今回も、友人から会いたい人をすぐに紹介してもらえたおかげで、このビジネスモデルがどこまで実績を出せるかを検証することができました。

立ち上げまでに一番苦労し、時間がかかったのは金融機関から融資を受けることでした。夫が事業計画書を作り、初めて地元の信用金庫でプレゼンをして最終的に融資が実行されるまで半年かかりました。当時はなぜこんなに時間がかかるのかと、やきもきしたものです。私が交渉ごとの表に出ていくと、そのやきもきがどうしても表情や口調に出てしまい、まとまるものもまとまらなくなる可能性があります。対して夫は冷静さを保てます。私たち夫婦は得意な領域がまったく異なり、夫は対外交渉や細かい数値をまとめあげることが得意。ビジネスモデルのベースの企画を考えるところは私が率先し、事業の数値をまとめ金融機関に交渉するところは夫が対応してくれました。

お互いの苦手分野・得意分野を熟知している夫婦で事業を立ち上げると、役割分担や情報の共有、意思の確認が阿吽《あうん》の呼吸でできるうえ、お互いの知見で事業をブラッシュアップすることができ、非常にやりやすいです。考え方の違いでぶつかって、気まずい食卓になることも何回かありましたが……。

信用金庫の担当者に聞いたところ、私たちの融資の実行はかなり難しい案件だったようです。それは、信用金庫・保証協会・日本政策金融公庫という3つの金融機関が協調して資金を準備する協調融資という建て付けだったためです。さらに、地元で何も実績や後ろ盾がない移住者の私たちをどこまで信用できるのかの見極めが金融機関にとってのハードルでした。

最終的には東京で起業していたアパレル事業の実績を鑑みてもらえることになり、無事に融資が実行されました。3つの金融機関を取りまとめ奔走してくれた担当者には、融資実行時にこんな言葉をかけてもらえました。

「全国的な人口減により沼田市も活気が失われつつある。山中さんたちが宿泊の事業を行うことで、地域が盛り上がっていくような、そんな展開を期待しています」と。

私はこの言葉を聞いて、日本のどの地方も、切実に、地域が盛り上がるためのきっかけを求めているのだと実感しました。私たちのような実績のない新参者に融資がおりたのも、各機関のその期待が強いからです。この地域に訪れる人が増え、この地域を好きになるきっかけとなるような活動をしていく、そういう責任も感じました。

奇跡の物件

私たちの見つけた沼田市の物件は、沼田インターから車で12分の田園地帯の一画にあるプライベート感満載の平屋の住宅です。磨けばビジネスになるダイヤモンドの原石そのものでした。築30年以上たっていても、とてもきれいな状態で維持されており、建物や庭からそれを大切にしてきた持ち主の気持ちが伝わってきました。移住してから定住地を探す過程で、放置され、老朽化し、マイナス資産となっている物件を多く目撃してきたので、このような物件と出会えたことが奇跡のようにも感じました。

家は放置をすればするほど巨大なゴミと化し、獣のすみかになったり倒壊するなど、その地域の人々に迷惑をかけるリスクが高まります。この家の現在と未来をしっかり見極め、手放す決心をしたオーナーさんの責任感と決断力には敬服します。

全国で放置されている大量の空き家が少しでも、このオーナーさんのような勇気ある行動で救われていけば良いのに、3年間の物件探しの末の契約時、そんな思いがあふれてきました。

半セルフリノベーション

物件を取得したあと、真夏の2カ月間をリノベーションに費やしました。予算を抑えるため、できるところは自分たちでやるという半セルフリノベーションのスタイルです。

初めに断っておくと、私たちの家作りのＤＩＹスキルやセンスは素人そのものです。にも関わらず素晴らしい宿泊施設が完成したのは、多くの方々の協力のおかげです。

移住視察の際にＤＩＹを見せてもらった「カエルトープ」の武久さんには、庭のデザインをアドバイスしてもらいました。内装はアーミッシュ研究のつながりで出会った前橋工科大学の石川恒夫先生にお世話になりました。私たちの地元・高山村の造園業や塗装業の職人の方も頼らせていただきました。他にも、手伝いに駆けつけてくれたご近所さんや友人のおかげでリノベーションを進めることができました。

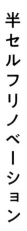

庭木の植栽は和風から
洋風に変更し、一面に
天然芝を張りました。

石川先生の専門である「バウビオロギー」の建築思想に沿って、ビニール素材の壁紙ではなく、自然素材の壁紙と塗料を使いました。あえて塗りムラを許容すると、人の手の動きを感じられるぬくもりある空間に。

石川先生と壁塗りのワークショップを開催。みんなで手分けして、青・黄・ピンクの3部屋を仕上げました。

第4章 アーミッシュとの出会い

アーミッシュを知る

ここで、移住のきっかけとなったアーミッシュと私の関わりについてお話しします。

時は2002年。ごく一般的な高校3年生だった私は、周りの友人と同じように受験勉強に励んでいました。ある日、小論文を書くために読んだ課題文の中で、アーミッシュの存在を知りました。当時、「いい大学に入っていい会社に就職すれば人生安泰。幸せになれる」という、今思えば古い価値観にとらわれていた私にとって、彼らの生き方は非常に衝撃的でした。

その文章によると、アーミッシュは大学はおろか高校にも通わず、企業に就職するよりも農業や家具作りを生業としながら、家族のそばで働き暮らすことを良しとしている——、便利な電化製品をあえて退け、例えば車ではなく馬車に乗り、大自然の中で家族と協力しながら生きている——、ということです。より高い教育を受けること、より大きな企業に就職することが讃えられ、より便利で快適な暮らしを実現するためにテクノロジーを発達させている私たち現代人とは、まるで正反対ではありませんか。しかも、その人たちが「幸せに」さらに「豊かに」生きている、なんて。とても混乱しました。

私が進もうとしている大学は、アーミッシュの人たちにとっては敬遠するべき選択です。彼らは人生で必要な学校教育を8年としていて、それ以上のレベルは人にうぬぼれを与え、コミュニティーや家族の結束を崩すリスクに通じると判断しているということなのです。

高等教育を避けているアーミッシュが幸せに暮らしているということは、私はいったい何に向けて今頑張っているのだろう？　しばらく放心状態になりました。私はこの時、日本社会のいわゆる〝成功ルート〟が、決して普遍の生き方ではないということに気付かされたのでした。

いざ、アーミッシュカントリーへ！

その後、私は周囲に流されるように、アーミッシュが不必要とする大学に進むことにしました。東京の郊外から都心に引っ越し、友だちができ、アルバイトを始め、それなりに楽しく暮らしていたのですが、アーミッシュのことは頭の片隅から離れませんでした。

書籍を読み込み、彼らの歴史的背景や現代文明に対するスタンスと独自のルール、キリスト教信仰に根差した服装や家族中心のライフスタイルを学びました。知れば知るほど、私にとってアーミッシュの選択は筋が通っていて納得できるものでした。彼らは決して未開の山奥に住み、特異な掟《おきて》に従う閉ざされた民族ではないのです。一般的なアメリカ人と垣根なく暮らしており、良き隣人関係を築き、現代技術の存在や便利さを熟知したうえで、それらを遠ざけている――。私は不思議でたまらなくなりました。電化製品やパソコンなどの機能を知りながらあえて利用しないなんて、便利で快適な暮らしを求める当たり前の人間の欲望をどのようにコントロールしているのだろう？　そしてそういう暮らしに人々は心の底から幸せを感じて笑顔で暮らしているのだろうか？　気になって仕方がありません。そしてついに大学3年生の時、この目で確かめようと決心しました。

アーミッシュの基本情報

●**アーミッシュのルーツ**：今から約330年前、スイスで誕生し、ドイツやオランダなど各地へ広がったキリスト教の一派。「幼児では洗礼の意味を理解できない。洗礼は大人になってから自分の意思で受けるべき」という考えをもつプロテスタントの再洗礼派という宗派から発生した。

●**アメリカへの入植経緯**：カトリックが主流の社会の中で激しい弾圧・迫害を受けていたアーミッシュ。1700年代から、自由な信仰を求めてアメリカへの移住が進む。

現在、ヨーロッパに残るアーミッシュはいない。

●**アーミッシュの住むエリア**：農業を中心としたライフスタイルを好むアーミッシュは、肥沃《ひよく》な土地を求めて東から西へと居住エリアを拡大。ペンシルベニア州、隣のオハイオ州、その隣のインディアナ州にコミュニティーが広がっていく。

※アーミッシュだけが住む居住区があるわけではない。アーミッシュが多く住むエリアが「アーミッシュコミュニティー」や「アーミッシュカントリー」と呼ばれている。

●**アーミッシュの人口**：アメリカの33州と、カナダと南アメリカの一部に広がるアーミッシュコミュニティー。全人口は約40万人。平均7人の子どもを持つアーミッシュは、20年ごとに人口が2倍になるスピードで繁栄を続けている。

●**独自の言語と学校**：ペンシルベニアダッチという、ドイツの地方の方言がルーツの言語。また、独自の学校も持ち、アメリカ政府から義務教育の代替として認められている。1年生から8年生までが1つの部屋で学ぶ寺子屋的な教育スタイル。このアーミッシュスクールで、第二言語である英語を学ぶ。家族や仲間と話す時はペンシルベニアダッチ、一般アメリカ人と話す時は英語と、言語を使い分けるようになる。

訪問計画

いざアーミッシュカントリーへの訪問を決意したものの、計画は難航しました。

当時、日本ではアーミッシュに関する情報は数冊の書籍からしか得られませんでした。現地のガイドブックはもとより、アーミッシュカントリーを訪れるツアーやホームステイを斡旋する会社は皆無。インターネットもまだ普及しておらず、現地の情報を収集するのも難しい時代でした。

アメリカに詳しい人たちは口をそろえて、「アーミッシュは閉鎖的だから訪問を受け入れてもらうのは難しい」と言います。ある人からは、「アーミッシュにはカルトみたいな人もいるから気をつけて」と忠告を受けてしまう始末。訪問の足がかりを一向につかめず困り果ててしまいました。

そこで、アーミッシュに関する書籍の著者に連絡をとってみることにしました。前向きな返事をくれたのは、『アーミッシュ もう一つのアメリカ』『アーミッシュの食卓』（丸善出版刊）などの著書がある菅原千代志さんです。私の思いと、アーミッシュカントリーで経験したいことを伝えると、なんと、菅原さんの取材に同行しても良いというお返事をいただけたのです。

運転もできず英語もままならない「お荷物」の私の同行を許してくれるなんて、菅原さんの懐はどれほど広いのでしょう。20年弱たった今でも感謝の思いは変わっていません。

初めてのお宅訪問

初めて訪問したアーミッシュのお宅は、アメリカ・オハイオ州のシュガークリークという小さな田舎町のはずれにありました。地方空港から車を小一時間ほど走らせると、自動車に混ざって馬車が道路を行き交うようになります。初めて目にする馬車に感動しているうちに、向こう2週間ほど滞在させてもらうシュレイバー家に到着しました。

一家はちょうど夕飯を食べ終えたばかりでみんなリビングに集まっていました。小さな子どもたちが7人と、父ロニー、母ネヴァの9人家族。本で読んでいたとおり、みんなシンプルな無地の服を着ています。初めて対面する生身のアーミッシュの姿に内心で興奮し、鼓動が速くなります。ネヴァは片付けの手を止めて、握手を求めてきてくれました。彼女はハキハキとしゃべり、堂々とした物腰の「肝っ玉母さん」という雰囲気。菅原さんと冗談を言い合い笑っています。私が想像していたアーミッシュ像は、物静かで遠慮がちなキャラクターだったので、快活なネヴァの様子を見て拍子抜けしたような気分でした。

ふと足元を見てみると、冬場だというのにみんな裸足《はだし》でした。それもそのはず。大きな薪ストーブと天然ガスを燃料としたライトが発する熱で、広い家の中はポカポカしていました。木製の重厚感のある家具以外、部屋には物が少なく、きれいに片付いていました。昔の映画で見た覚えがあるような、素朴なカントリー調のインテリアです。ネヴァの後ろからは子どもたちが顔をのぞかせ、物珍しそうに私たちのことを眺めていました。キョトンとしている彼らに笑顔で目配せをすると、口角を上げて応えてくれます。広くきれいな部屋に立派な木製家具、暖かい暖炉、可愛らしい子どもたち、フレンドリーで優しい夫婦――。まるで絵本から飛び出してきたような温かな家庭に圧倒されました。

美しい暮らしとは？

正直なところ、私は初め、アーミッシュの世界のビジュアルに夢中になりました。なにせ、目に飛び込んでくる風景のどれもがとても美しいのです。木製家具に添えられた手作りのアーミッシュキルト、道を行く漆黒の馬車、赤ん坊をあやす小さな子ども、カラフルな洗濯物の風景、昔ながらの道具で食品の瓶詰めに勤しむ婦人、馬で畑を耕す農夫……すべてが絵画の世界のようです。

しかしながら、アーミッシュの人たちに暮らしを美しく見せようとする意思はまったくありません。美の追求はむしろタブー視されており、女性はノーメイクで腕時計を含めたアクセサリーをつける人はいません。整理整頓をして、質素に、シンプルに暮らすこと。この価値観を忠実に守った結果、暮らしのあちこちに美が宿ることになったのです。この〝意図しない美〟は、人間はもっともっと、シンプルでいいということを私に教えてくれました。

イベント好きな人々

次に私が驚いたのは、人々の仲の良さです。アーミッシュの家にはテレビ、ラジオ、音楽プレーヤー、ゲームなどのデジタル機器がありません。彼らは娯楽のない生活をしていると思いきや、逆に現代人より充実したエンターテイメントの手段を持っていました。

それは、人々がリアルに集い楽しむイベント開催です。たった2週間の滞在だったのに、シュレイバー家はイベントが盛りだくさんでした。親族のママが子連れで一堂に会し、掃除、ランチ、手仕事をする女子会。親族・友人が集結して結婚予定の女性にタッパーセットを贈るタッパーウェアパーティー。隔週の日曜日に教区のメンバー100人前後が集まる礼拝もまた大切なイベントでした。礼拝のない日曜日は親族を訪問し合って一緒に食事会を開催します。

私が滞在中に見聞きしたイベント以外にも、アーミッシュの世界では「会合」「フェスティバル」「ちょっとした集まり」が無数に存在します。若者だけが参加し男女が交流する機会となる歌の会や、ビジネスマンが集まって情報を交換し合う交流会など。毎週末はどこかしらでオークションが開催され、たとえイベントがない日でも、各家庭ではしょっちゅうBBQをしたり記念日をお祝いしたりのプチパーティーを開催しています。

なんてイベントやお祭りごとが好きな人たちでしょう！　そして、みんなの仲の良いこと！

現代人がゲームや映画やドラマに夢中になるエネルギーは、アーミッシュの世界ではイベント開催、そして人々の交流に注がれているのでした。SNSやオンラインを通した人間関係ではなく、実社会における人間関係が充実したアーミッシュはまさに「リア充」な生活を送っていたのです。

訪問を終えて

私たちと真逆の価値観を持ち、真逆の暮らし方をし、アーミッシュの人たちは楽しそうに生きていました。

子どもも大人も、自分たちの選択に自信を持ち、便利な機器に頼らずにたくましく生きています。チャリティーイベントに参加して積極的に寄付を行う姿は、経済的にも余裕があることがうかがえました。彼らはお金があったとしてもブランド物の衣服で身を飾ることも高級車を乗り回すことも、海外旅行に行くこともしません。消費活動よりも彼らの考える幸福、つまり家族とコミュニティーの絆を大切にすることに日々、力を注いでいました。

幸福を追い求めているのに、なぜかいつまでも手にすることができないような私たちと異なり、はるかに地に足のついた人生を生きていたのです。

朝焼けの中を走るアーミッシュの馬車。静かな道に、馬のひづめのリズミカルな音が鳴り響いていました。馬はアーミッシュの暮らしの相棒。馬車だけでなく、農耕機を引かせて畑を耕す昔ながらの「馬耕」で活躍しています。

シュレイバー家に滞在しながら、掃除や洗濯、お菓子作りの手伝いをしたり、子どもたちと遊んだり、学校を訪れたり。特に、長女のデブラと意気投合。納屋の仕事や日々の暮らしのことをたくさん教えてもらいました。

ストレス過多のサラリーマン時代

アーミッシュの暮らしぶりに魅了された私ですが、同時に自分には到底同じ生活はできないとも実感しました。

真冬の寒空の下、ネヴァの洗濯を手伝ったある日のことです。干したそばから洗濯物が凍りついていくのを見て、私はこんな大変な生活は続けられないと悟ったのでした。

実際、外の世界からアーミッシュグループに入る人がいるにはいるのですが、生活様式の違い、そして言葉の壁に挫折をしてなかなか定着しないそう。私もアーミッシュの暮らしは憧れ止まりとなり、他の友人たちと同じように日本の企業に就職する道を選んでしまいました。

就職してからは、がむしゃらに働きました。サービス残業・土日出勤は当たり前で、文字通り戦士のように会社の目標に挑んでいました。しかししだいに、その暮らしにも疑問を感じるようになります。

仕事の疲労を癒やすためにリラクゼーションサロンやエステに通い、ストレスを発散するために仲間と連日飲みに出かける。週末の買い物で新しい洋服やアクセサリーを買って、気分を無理やり上げないと月曜日を迎えることができない——。

気がついたらそんなメンタル状態に陥っていました。給料は高い家賃とサロン代やショッピング代で消えていき、少し貯まっても気晴らしの海外旅行で使い果たしてしまいます。私は自分のエネルギーを会社のために燃やすだけで、個人としては何も生産せず、手元には何も残っていない。一体、なんのために働いているのだろう……そんな想念が一度湧いてくると、振り払うことができなくなりました。

30代が目前になった時、このまま何十年も同じように働いていくのかと悩み、思い切って会社を辞めることにしました。キャリアを変えるなら早い方がいい。でも、これからどうやって、何をして生きていけば良いのかさっぱり分かりませんでした。

アーミッシュカントリーで目にした美しい景色は、私の目に焼きついていました。
色とりどりの瓶詰め。手作りのキルトでベッドメイクされた寝室。社会人になって働きながらも、ことあるごとに思い出していました。

第5章 アーミッシュ文化に学ぶこと

2回目の訪問

会社を辞めた時に頭にあったのは、やはりアーミッシュの人たちのことでした。

大学を出て、企業に就職し、都心に暮らし、いかにも現代人らしい生活を経験してはみたけれど、そこに幸福を見出せないどころか心を病んでいった私は、真逆の生き方を貫くアーミッシュの暮らしに答えを求めました。

幸い、初めての訪問で仲良くなったアーミッシュの友人・デブラとは文通が続いており、いつでも歓迎してくれることが手紙に記されていました。

今度は自分で運転免許を取得し、細々と英会話を習い続けた甲斐もあって、英語力も上がっていました。2回目の訪問では1カ所に滞在するのではなく、車であちこちを巡りながら学びを深めるフィールドワークのスタイルをとることにしました。

探求のテーマは私が日本で壁にぶつかった仕事についてです。いったいアーミッシュはどういう基準で職業を選び、どのように働き、どんなキャリアを築いているのでしょうか。

9年ぶりのアーミッシュカントリー訪問で最初に向かったのは、もちろんシュレイバー家。もともと7人だった兄弟は10人に増え、さらにデブラは結婚し、一女をもうけていました。子どもの数の多いアーミッシュは家族構成の変化がとても速く、驚きます。

デブラより8歳年上の旦那さんとも初めて顔を合わせました。成人してから自分の意思で洗礼を受けることを信条とするアーミッシュは、結婚を機に受洗する人が多いです。デブラも同じで、彼女は若干18歳にして決意を固め、洗礼を受け、結婚しました。

洗礼を受けると正式なアーミッシュとなり、現代テクノロジーの利用が制限されるだけでなく、着る服や移動手段もコミュニティーのルールに従う必要があります。デブラは「決断はとても難しかった。正式にアーミッシュになることによって選択肢や自由が少なくなるから。それでも、洗礼を受けて良かった」と、心境を語ってくれました。

母になったデブラのライフスタイルは、少女時代とは変わっていましたが、私たちはお互いの相違点よりも共通点を見つけることの方が多く、9年前と同じように意気投合していきました。一緒にモールへ買い物に行ったり、アイスクリームショップでゆっくりしたり、古書店で立ち読みしたり……。日本の友だちと過ごす時と、なんら変わらないような居心地の良さを感じました。

私はデブラとの時間を楽しみながらも、自分の足を使ってアーミッシュカントリー内の各所を訪れ、アーミッシュの人たちの仕事の様子を観察しました。

ルールの多いアーミッシュ社会ですが、食に関しては何も制限がありません。お肉も甘い物も存分に楽しみます。

右ページ上／以前と変わらず美しい景色のアーミッシュカントリー。ガーデニングを楽しむお宅の華やかなお庭です。

右下／上の子が下の子の面倒を見るのがアーミッシュの兄弟関係。子育ての負担は、家族全員で分け合っていました。

左下／自家消費のためにどの家庭も広い菜園を持ちます。夏から秋にかけて野菜を次々と瓶詰めに加工し、保管します。

アーミッシュの職業

私がフィールドワークを行ったオハイオ州では、半分以上のアーミッシュが建築関連、木材加工関連の仕事に就いていました。具体的には大工や設備工、家具職人、それらに関連した工場への勤務です。自ら家具ブランドを立ち上げ、何十人もの従業員を雇い会社を経営しているアーミッシュも少なくありません。アーミッシュの祖先には農民が多かったため、彼らが本当に就きたい仕事は農業なのですが、近年は農地の高騰のため農業従事者は減少傾向とのこと。またアーミッシュは自動車ではなく馬車に乗るため、馬に関連した職業も多いです。馬の繁殖、売買、調教や、馬車・馬具の製造・販売が盛んです。その他、食料品店、雑貨店、ベーカリー、園芸店などを営む人たちも。

アーミッシュの人たちは、聖書の教えから働くことに大変重きをおいており、非常に労働倫理が高く、正直によく働きます。そのため、アーミッシュが事業主のビジネスはどこも繁盛しており、かつ求人市場でもアーミッシュというだけで箔がつき、就職に有利です。こんなデータもあります。

〝米国のスタートアップビジネスの50％は5年以内に失敗に終わる。対して、アーミッシュのビジネスの失敗率は10％以内。〃（https://users.etown.edu/k/kraybilld/GBER_article.pdf）

専門学校やビジネススクールにも通わないアーミッシュの人たちがビジネスで成功を収めやすいという事実は、にわかに信じがたかったのですが、子どもたちの家庭での様子を見て考えが変わっていきました。彼らは4歳頃から家庭で何らかの家事の役割を与えられ、日々責任を持ってこなすようになります。8年間の学校教育を終えると各家庭で親の仕事や家事を手伝うようになり、技術や知識を習得します。高度な教育を受けることよりも実際の生活スキルや仕事のスキルを磨くことに価値が置かれるため、20代前半にもなると一般社会で通用する職業スキルを身につけるのです。

そんな彼らが口をそろえる、仕事における共通の夢があります。それは、「自宅で働くこと」です。アーミッシュにとって何よりも大切なことは、家族と共に過ごす時間。都会に出て就職しないのも、家族と離れないようにするためです。家族との時間をできるだけ確保する一番の近道は、自分の家で、家族のそばで働くこと。そういうわけで、自宅を拠点としたスモールビジネスの起業家が多いのです。子どもたちは、事業を行う親を16歳頃から本格的に手伝い始めます。さながら一般社会におけるインターンシップのよう。事業主の直下ですから、必然的に洗練されたビジネス感覚も身につきます。親元でスキルを積み、結婚してからは起業を目指す、そして多くが実際に起業をして食べていけるようになる。これが、一般的なアーミッシュのキャリアだというのが分かりました。

上／各地で開催される馬のオークション。トレーニングされた馬のショーに観客が集まります。下／畑ではトラクターではなく馬を使います。大規模農業が難しいため、有機農業などの市場を狙う人も。

一般社会で自動車産業が大きいように、アーミッシュ社会では馬産業が大きな市場を形成しています。

スキンケア商品や洗剤を製造販売する社長は、毎年120%の成長率で売り上げが伸びていると教えてくれました。

富裕層向けのキッチンキャビネットや棺《ひつぎ》を製造販売するアーミッシュの社長が起業の理由を教えてくれました。「家族と過ごす時間を自分でコントロールしたかったので、起業した。当初は事業を軌道に乗せるのに苦労したよ。でも、子どもと過ごす時間は削りたくなかった。子どもたちが学校から帰ってくる4時には帰宅して、必ず家族そろって夕飯を食べるようにした。その後も子どもたちと一緒に過ごして、9時までに一緒に寝る。午前2時に起きて、仕事をしていた。そういう生活を随分長く続けたよ」と。アーミッシュの人たちは決して仕事で家族との時間を犠牲にしないのです。

女性の働き方

自宅で起業をするのは何も男性に限ったことではありません。

アーミッシュの女性たちもまた、自分の特技を活かして自宅で、子育てをしながら事業を行っていたのです。彼女たちの働きぶりには驚くと共に、ある意味で合理的だとも感じました。

結婚後、多くの女性は子どもを持ちます。アーミッシュは子どもを神からのギフトと捉え、産児制限を行わないため、子どもの数は平均7人と子沢山です。妊娠・出産・乳児期の育児期間を子ども1人3年に換算すると、21年もの間、妊娠・出産・育児を繰り返しているのです。

こんな状態で外に働きに出てキャリアを形成するというのは現実的ではありません。それでも、彼女たちは働くことを諦めませんでした。外に働きに行けないのならば、自宅で働こうという発想です。自宅であれば通勤の必要がなく子育てと家事の間に働けます。働く時間も自由に調整ができます。会社勤めのように仕事を途中休業する必要がないため、長期的・継続的なキャリアを築ける——なんと合理的でしょう。しかも、アーミッシュの子どもたちは幼い時から家で働くのが当たり前。家事だけでなく母親の仕事も手伝う子どもたちは、遊びの延長の感覚で家業のスキルを習得し母親の右腕として活躍するようになります。

私は会社員時代、年上の働くママたちを見ながら家庭と仕事の両立のハードルの高さに絶望していました。働くママたちはみんな、コミュニケーション能力も仕事の処理能力も高く、非常に優秀な人たちでした。私の能力では家庭とあのような仕事を両立させた働き方はとてもできない、と自信を失っていたのです。でも、アーミッシュの女性たちを見ながら、だんだんと希望が湧いてきました。こんな働き方なら、自分にも家庭と仕事の両立ができそうに思えました。自宅で子育てと仕事に取り組むアーミッシュの女性たちは、私にとっての新しいロールモデルとなりました。

職業を持って輝く女性たち

好きなこと、得意なことを仕事に繋《つな》げています。

デブラの母・ネヴァは犬のブリーダー。建設業の息子たちが建てた犬舎でコーギーやパグ、ニューファンドランドを育てています。

５人の娘たちと共に自宅横の小屋でキャンドルを製造・販売するエイダ。バスツアーの立ち寄り先となっているほか、近隣のスーパーにも販路を広げています。

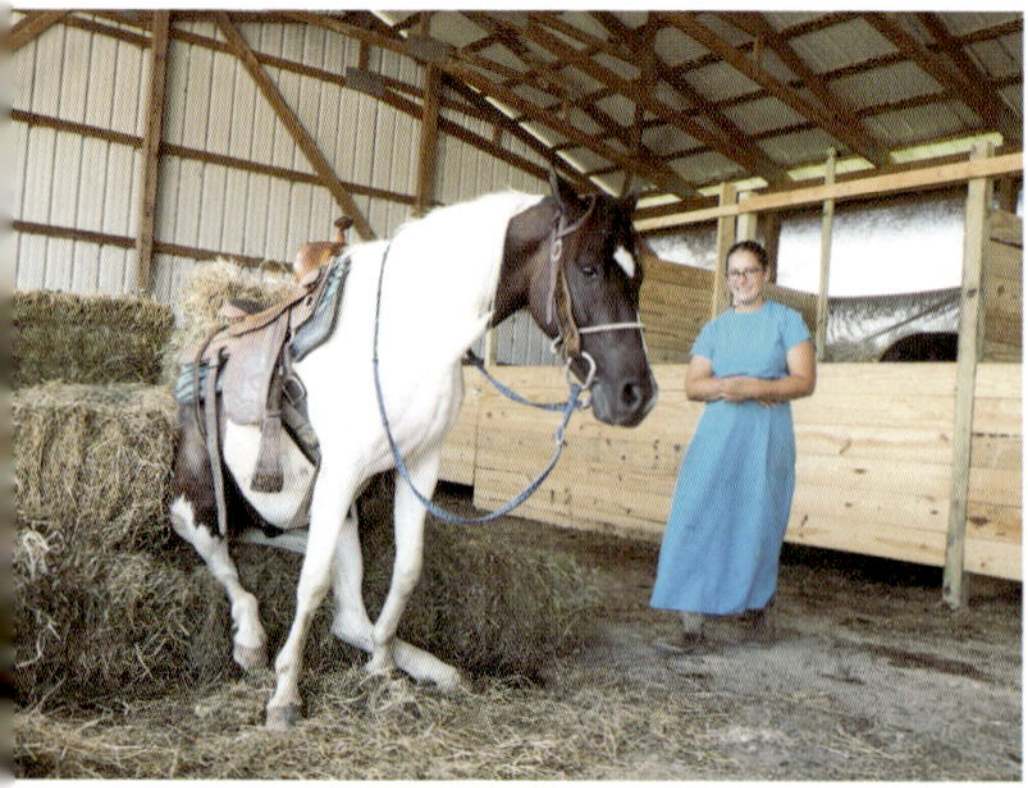

デブラは夫のダンと共に馬のトレーニングを生業としており、未調教の馬を購入してトレーニングし、販売して利益を得ています。

デブラの祖母・メイは、子育て中に経営していた民宿を閉業し、自宅の半地下で手芸店を開店。事業拡大のため移店し、現在は娘に経営を引き継ぎました。

石けん会社を起業したクリスティーナは、夫と子どもたちに事業を任せ、新しい事業として自宅で生花を育て、マーケットやスタンドに出荷しています。

レシピ本のお披露目イベントで出会ったエルシーは、夫と農業情報誌を編集・刊行し、かたわらでレシピ本を執筆し料理を披露しています。

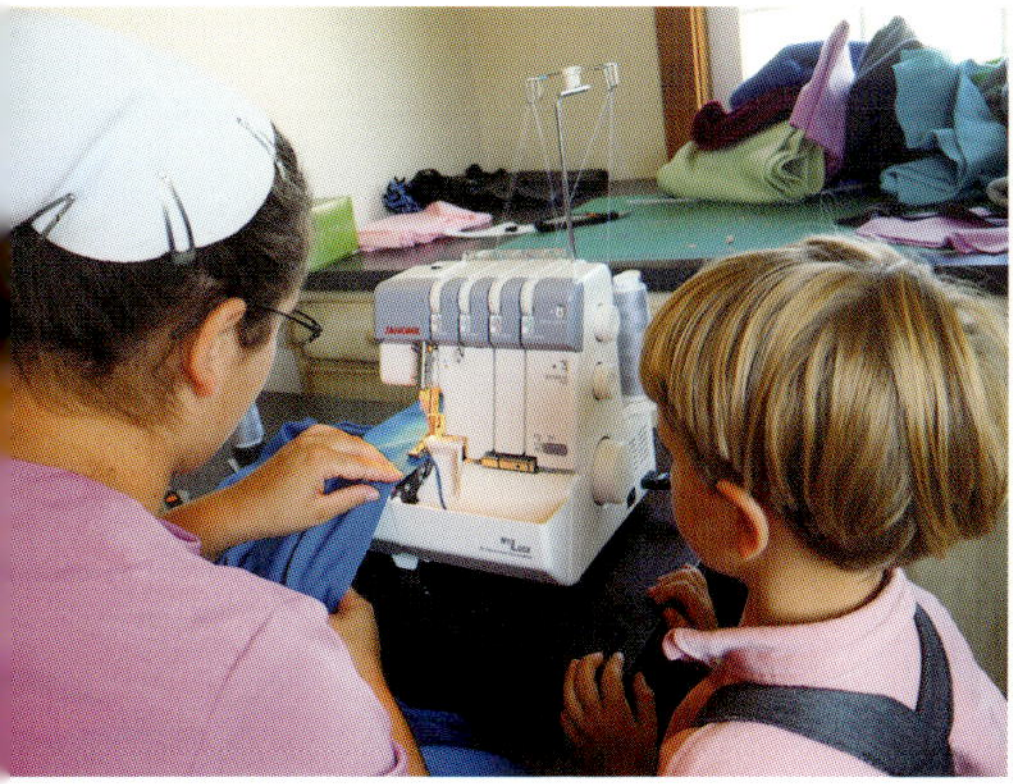

馬のトレーニングだけでなく、服のオーダーメードも受けるデブラ。他にも観光客を自宅に招き、アーミッシュ料理を振る舞う女性もいます。

レイバー4姉妹は古い布や古着を預かり、解いてラグマットを織り販売。キルト製作や手仕事品の販売も行っています。

ワンピースとの出会い

自分の特技を活かし、自宅でビジネスをする。妊娠・出産・育児を通して自分のペースで働き続け、長期的なキャリアを形成する。子どもに仕事を任せ、スキルと経験を積む場を与える。このようなアーミッシュ女性の仕事のスタイルは、私にとっては理想的に見え、同じような働き方をしたくなりました。

問題は、果たして自分がどんなビジネスを営むことができるのか、です。この答えも、アーミッシュとの交流の中で見つけることになります。

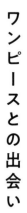

ある日、友人のデブラが、私のためにアーミッシュドレスを仕立ててくれました。アーミッシュドレスとは、赤ちゃんからおばあちゃんまで、女性たちが毎日着ているシンプルな無地のワンピースです。彼女たちの服はすべてお手製。14歳から縫製を母親に教わり、家族の服作りもしているデブラにとって、私のドレスを1枚縫い上げるのは造作もありません。ところどころ私にも手伝わせてくれながら、美しいフォルムのワンピースができ上がりました。

アーミッシュの女性はワンピースをさらりと1枚着るスタイルのため、服を〝コーディネート〟することがありません。そのため、全身が映る姿見を持っていないのです。私はドレスに袖を通し、バスルームの鏡で無理やり全身を確認しました。すると、いつもよりずっとスタイルがよく見えるではありませんか。さらに、丈が長いにも関わらず動きやすい。スカートにタックがたっぷりと入っているので足さばきも良く、走ることもできました。しかも、体を締めつけるところがどこにもなく、着ていてラクちん。丈が長く上品な印象で気分も上がります。なんてうまくできているデザインなんだろうか……。アーミッシュドレスの優秀さにすっかり虜《とりこ》になりました。そしてこの時、このドレスを日本に紹介したら私のように感動する人がいるのではないか——。というアイデアが浮かんできました。

　幸いなことに、当時はハンドメイドマーケットプレイスと呼ばれるプラットフォームが普及し始めた時期でした。そこでは、誰もが自分の手作り品を販売し、収入を得ることが可能となっていたのです。このような場所を利用すれば、自分にもチャンスがあるのではないか。もしうまくいくようであれば、アーミッシュのような働き方、つまり、自宅で自分のビジネスを持つという働き方を実現できるかもしれない。そう思い立ってから帰国後、取り憑《つ》かれたようにワンピース作りに明け暮れました。縫製道具は一からそろえ、服作りも素人からのスタートです。でも、アーミッシュの女性たちがみんな作れるのであれば、私にだって作れるはず。そして実際に、プロのパタンナーや縫製スクールなどの手を借りながら、私なりのアレンジを加えた日本版アーミッシュドレスを完成させることができました。こうして、２０１６年に「Down to Earth　アーミッシュワンピースのお店」が産声を上げました。

アーミッシュワンピースを仕事に

自宅で子育てをしながら、自分のやりたいことを仕事にして、生きていく——。
そんな道筋が、今少しずつできてきているような気がします。

右上／自宅を拠点としながらオンラインをメインに販売。縫製は全国の信頼するパートナーに依頼しています。左上／デブラにワンピースを作ってもらった日。「Down to Earth」の事業はここから始まりました。下／子育てをしながら自宅で仕事をする。アーミッシュ女性の働き方を、私自身も実践するようになりました。

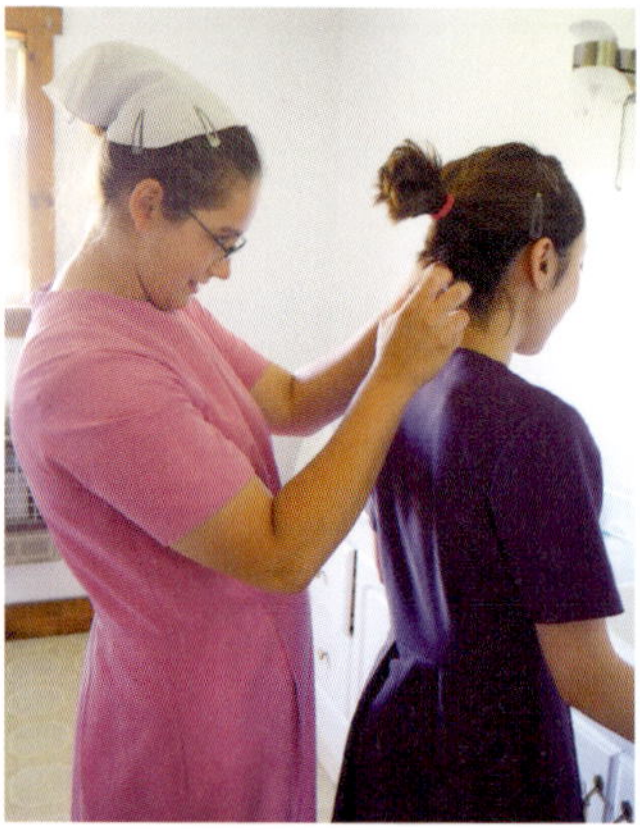

商品はすべてオーダーメード。お客さまの体型や好みに合わせて、１枚１枚裁断・縫製しています。注文から2週間で自宅にお届けするという流れ。オンラインショップはhttps://shop.dte-amish.com/

子ども用ワンピースやエプロン、シャツ、ジレなど、少しずつ新商品が増えています。

東京、大阪、熊本、岩手などで展示販売会を開催してきました。
各地での出会いもまた、この仕事の大きな楽しみ。

広がるネットワーク

「Down to Earth」のビジネスが軌道に乗り始めると同時に、アーミッシュカントリーにも頻繁に通うようになりました。私がアーミッシュの服をお手本にしながら洋服を開発し、日本で販売していると自己紹介をすると、アーミッシュの人たちはみんな目を丸くして驚きます。そして、面白がって彼らの暮らしぶりを快く紹介してくれるようになりました。アーミッシュ文化を学び、日本に伝えるという私の活動を、彼らが好意的に受け止めてくれることに、内心安心したものです。

そして、書籍出版（著書『アーミッシュカントリーの美しい暮らし』エムジェイブックス刊）のための取材や日本人をアーミッシュカントリーに案内するツアーを企画するなどのフィールドワークを続けているうちに、いつの間にか現地でのネットワークが広がっていきました。

自然と動物に囲まれた暮らし

ひと口に「アーミッシュ」と言っても、実際は「ニューオーダーアーミッシュ」、「オールドオーダーアーミッシュ」、「シュワルツェントルーバーアーミッシュ」といった多様なグループが存在します。そして、グループごとに文明の利器をどれくらい生活に取り入れるかのルールが異なります。どのグループにも共通して言えるのが、広い家に家族と住み、犬や猫、馬や牛、鶏などの動物に囲まれ、大きな家庭菜園で野菜を育てながら暮らしていることです。そして、現代的なテクノロジーと距離を置く代わりに、家族と地域コミュニティーの人々と有機的に繋《つな》がり、支え合い、助け合って暮らしています。

彼らの暮らしを間近で見てみると、人々が実に生き生きと自信に満ちていることに気づきます。アーミッシュの人たちはみな堂々としていて、落ち着いた受け答えで、いつもリラックスしている様子です。私が突然訪問しても家の中はきれいに整い、じっくり話をする時間を作ってくれます。彼らはとても、余裕があるのです。自分も含め、私が見聞きしてきたような仕事に追われ、消費に追われ、都会で忙しく暮らす生活とは明らかに様子が異なります。

この違いはどこから生まれるのでしょうか？ それは、のびやかな田舎暮らしが理由なので

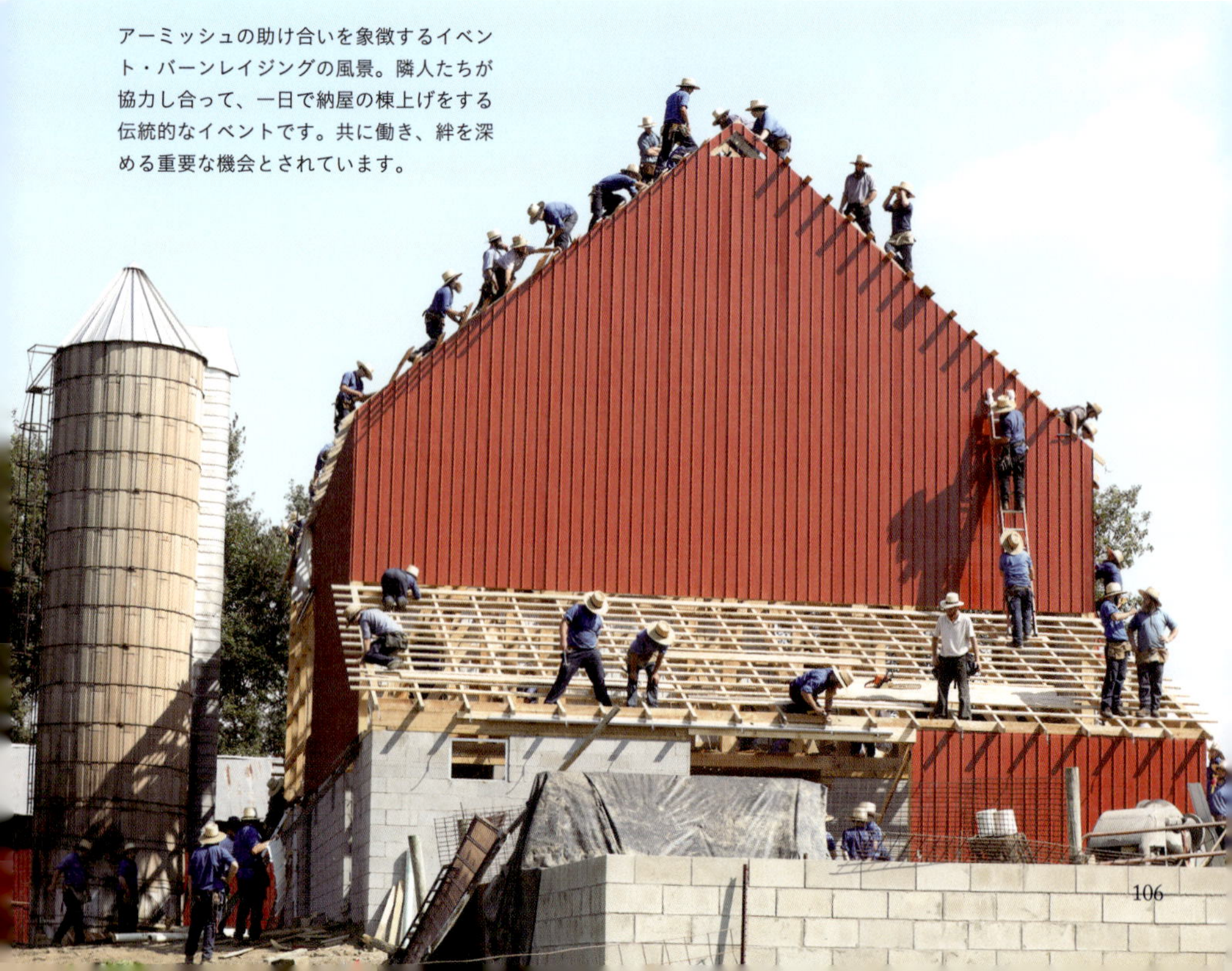

アーミッシュの助け合いを象徴するイベント・バーンレイジングの風景。隣人たちが協力し合って、一日で納屋の棟上げをする伝統的なイベントです。共に働き、絆を深める重要な機会とされています。

テレビやゲームはないけれど、子どもたちの遊び場は広大。畑や納屋を舞台に、裸足《はだし》で駆け回る姿が印象的でした。

移住後に知り合った頼もしい友人と協力して、沼田市で新しく宿泊施設運営の仕事も始めました。私たちにも素晴らしいコミュニティーができつつあります。

はと思うようになりました。都会は便利であっても、狭い部屋で自然に触れずに忙しく暮らしていたら、余裕が生まれる隙がないのではないでしょうか。私は、自然に囲まれ暮らして、その恵に癒やされながら、家族や地域の人と絆を育む生活の中にこそ、人が幸福を感じるヒントがあるのでは？　と考えるようになりました。

「いつか、日本の里山で、アーミッシュのような暮らしをしてみたい。彼らのような暮らし方が人にどのような影響を与えるのか、自分自身で試してみたい」。そんな夢を描くようになりました。

その頃私は結婚し、夫と2人で東京暮らしを続けていました。里山暮らしへの夢を抱いた矢先に、新型コロナウィルスが世界中に蔓延《まんえん》し始めました。夫の仕事はリモートワークとなり、通勤することも、街で遊ぶこともパタリとなくなりました。私は移住の夢を今こそ実行に移す時だと夫を説得しにかかりました。狭い部屋に缶詰めになる日々が続き、夫の気持ちも揺れ動いていきました。そして、「高い家賃を払うくらいなら田舎に住んでみようか」という言葉をもらい、ついに私たちの移住計画が動き出したのです。

第6章

移住で叶えたこと

都会の2大ストレス

高山村に移住して4年目の現在、自然と共にある里山での生活の中で、私は、東京暮らしをしていた頃には気づかなかった、都会のもたらす2つの大きなストレスに気がつきました。

1つ目は、人の多さと、それに伴う交通量、情報量の多さです。人混みを歩くことや満員電車に毎日揺られること、渋滞や信号待ちなどが大きなストレスに繫《つな》がることに気がつきました。また、街にあふれているさまざまな情報に日々接し、対応し続けることも大きな負担となっていたのです。

2つ目は、土に触れる機会が少ないこと。庭で花を育て、畑で野菜を作り、野山で山菜を採る。そういう自然と近しい暮らしをしてみると、土に触れ、大地と繫がる機会の少ない生活は、それだけで無意識のストレスを生んでいるのではないか、と感じるようになりました。自然との遊離感が生むストレスと言えば良いのでしょうか。人間も本来自然の一部ですから。

もちろん、都会には都会の文化があるし、田舎にストレスがないと言えば嘘《うそ》になってしまいますが、都会生活についてくるこの種の無自覚な、じわじわとしみ込んでくるようなストレスは確かにないのです。

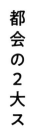

地域活動に目覚める

人混みにもまれない日々、土に触れる日々を送っていると、無理に閉ざしていた五感が少しずつ開いていくような感覚を覚えるようになりました。澄んだ空気の中で呼吸することで年々頭がクリアになり、感受性は増し、小さなことにも耳や心を傾けられるようになりました。

そして私の場合、驚くことに、これまでの人生で抱いたことのない、〝地域を良くしたい〟という思いが芽生えてきました。それは、ストレスがなく五感が磨かれる里山暮らしで心の余裕ができただけでなく、高山村で地域活性のために活動する人たちと出会い、共に生きることになったからかもしれません。彼らは私に、幸せな暮らしは地域があってこそということを教えてくれました。

高山村では地域おこし協力隊や地域活性化起業人、そして、有志団体や商工会、郷土愛にあふれた地元の人々、議員、役場の人々など、地域を守り盛り上げるために奔走する人たちの存在が実に目立ちます。地域活動に勤しむ人々はどの自治体にも必ず存在しているのですが、人口が多いと埋もれてしまうためか、なかなかその姿は見えません。人口3000人ちょっと、面積にしても東京で例えるなら山手線の内側程度のコンパクトな高山村だと、彼らの存在が目にも耳にも入りやすいです。

高山村だけでなく、お隣のみなかみ町や沼田市など、群馬北部で地域活動をする人々との出会いにも恵まれ、私は非常に感化されていきました。予想以上に速く進む日本の少子高齢化は、まず過疎地域に大きな変化をもたらします。人里離れたエリアにある橋や道路は手入れができなくなり、老朽化した建物は廃墟と化していくでしょう。このまま行けば、日本の里山はどんどん荒れ果てていくのです。高山村でも、平成の頃の出生数は年間20人前後で推移していたものの、近年では半数にとどまっています。子どもがいなければ、村に未来はありません。村が消滅する前に今、私たちに何ができるのか、そして、何を優先に取り組むべきなのか——。

群馬北部の各地ではこの議論が沸き起こっています。地域の課題を自分ごとと捉えて考え、行動に移す人々を見ているうちに、私も自分ができることを模索し始めました。その一端として観光や移住に関する情報を執筆し、オンラインメディアで発信するライターとしての活動を始めました。移住者は、地元の人々が気づかない地域の魅力を発見できるという強みがあります。その視点を活かして、地域の可能性を広げるライター業を続けていきたいと思います。

アーミッシュに倣《なら》って田舎暮らしを始めて心に余裕が生まれ、自分が地域活動に目覚めて、新たな活動を始めるなんて……思いもよらない展開です。しかしながら、次世代を担う若者、子どもたちが少しでも住みやすく、生きやすい場所を残し広げるために、とても大切なことだと思っています。

シェア田んぼ

移住してから毎年楽しみにしていることがあります。それは、田植えから収穫までみんなで取り組む米作り。自宅から車で5分ほど、小高い森の一画に高山村移住・定住コーディネーターが運営している「シェア田んぼ」と呼ばれる田んぼがあります。ここは、村内外の誰でも米作りに参加できる共同田んぼ。春の土作りから始まり、5月の田植え、6月の除草、夏場の草刈り、10月の収穫と、お米作りの一連の流れにみんなで協力しながら取り組みます。参加するのは、高山村に移住を希望している人や、最近移住した人、地元の子連れファミリーや近所の子どもたちなどさまざまです。

私は初め、日本人の主食であるお米がどのように作られるのか知りたくて参加しました。お米作りは日本の各地で昔から続けられていることですが、野菜作りと異なり初心者が取り組むのはハードルが高いです。それは、米作りの要所要所でさまざまな機械が必要となるから。農機具設備を持たない初心者がお米作りに参加できる機会は意外と少ないため、このようなシェア田んぼの存在はとても貴重です。

このシェア田んぼの面白いところは、昔ながらの手植え、そして収穫した米を天日で干すための〝はぜ掛け〟を行い、さらに、無農薬で育てる点です。つまり、現代ではとても手がかかる非効率的な農法です。収穫までにかかる工数と収量の割合はまったく釣り合いません。しかしながら、不思議なことに非合理的ではないのです。なぜならシェア田んぼは、非効率的な手法をあえてとることで、お米を獲得する以上のものを生み出しているから。

それは、参加メンバーの交流と連帯です。田んぼの泥の中に入り、みんなで並んで苗を植えていると、自然と会話が生まれます。除草や草刈りにも協力して取り組み、収穫後にみんなで新米を食べる頃になると、初対面だったはずのメンバーはすっかり友人同士のようになっています。

あらゆることが効率化され、タイムパフォーマンスが重要視される現代において、人と人が交流する余白があまりにも少ないように思います。シェア田んぼの非効率な米作りの中には、余白がたくさん。作業をしながら新しい人との出会いがあり、自然と親交が深まる。ちなみに、私たちはお隣のみなかみ町でも無農薬・手植え・天日干しの米作りの会「みなかみ田んぼプロジェクト」に参加しています。ここでは、収穫した米を酒蔵に納品し、日本酒にしてみんなで飲むという、まさに酔狂な遊びをしています。この会も町内外から参加者が集まり、交流が生まれ、会がきっかけで結婚したカップルも4組いるそうです。昔ながらの米作りは人と人との距離を縮める力があることを物語っています。

５月の田植え。泥まみれで遊ぶ娘を見るたびに、移住して良かったという気持ちが込み上げてきます。

＼Share!／

高山村シェア田んぼ

高山村のシェア田んぼへの参加希望や、移住の相談はこちらへ
https://www.takayama-iju.com
サイト内では私が取材・執筆している記事も掲載されています。

みなかみ田んぼプロジェクト

https://sites.google.com/view/minakami-tanbo

ビジネスパートナーとの出会い

私の方も、シェア田んぼを通して素敵な出会いに恵まれました。服飾作家として活動する2児のママ「えりりん」との出会いです。えりりん一家は、高山村の森の中にある三角形の家を購入し、週末にセルフリノベーションをしながら移住を準備中。えりりんと旦那さんはDIYが得意なうえ、センスも抜群。自分たちで壁に珪藻土を塗り、床を張り、シンクや洗面台も施工しています。

私は彼女の作る服やDIY中の三角ハウスの世界観にすぐに引き込まれていきました。私たちはどちらも高山村の環境に惹《ひ》かれて移住を決めているためか、価値観や人生観が似通っていて、意気投合していきました。そして、なんと「Down to Earth」の新しい服を一緒に作り上げていくことになったのです。

今、えりりんの三角ハウスでお互いの子どもたちを遊ばせながら、コラボレーション作品の企画会議を重ねています。コンセプトは、アンティーク家具やこだわりのインテリア空間と調和するシャビーシックなドレス。えりりんの力を借りることで、これまでの「Down to Earth」では踏み込むことができなかった新しいテイストにチャレンジすることができ、とてもワクワクします。私にとって彼女はママ友でもありながら、いわばビジネスパートナーでもあります。片田舎の田んぼを舞台にビジネスパートナーが見つかるとは、なんとも想定外な出来事です。でも、人によっては結婚相手が見つかるのですから、特別なことではないのかもしれません。米作りが結びつける人の縁は、可能性に満ちあふれています。

えりりんと麻葉の頭文字をとって「エマ」。新しいドレスは「アンティーク・エマ・ドレス」と名づけました。

サンプルを見比べながら生地を決めていきます。育児の合間に仕事も進める器用さも身についてきたような気がします。

子育ての理想と現実

初めての子育ては、分からないことだらけで、特に乳幼児期は、毎日のようにうろたえたり困ったり悩んだりしていました。娘の成長が定型発達内なのかとか、たびたび起こる体調不良にどう対応すれば良いのかとか、自分の体調が優れない時は子どもの面倒を見るのがしんどくて投げ出したくなる瞬間もありました。

田舎では初婚や初産の平均年齢が都会よりも低いため、周囲のママたちは私よりはるかに若い年齢の人が多く、体力もありそうだし、親世帯と近くに住みながら子育てを手伝ってもらっている様子がうかがえて、うらやましく感じることもありました。保育所に入所する際は「緊急連絡先」として村内の親族の住所を記入するのが好ましいと言われ、身内のいない土地で子育てすることの心細さを実感しました。

そんな私たちの状況を察してか、高山村の人たちが手を差し延べてくれました。移住前に相談に乗ってくれた「Kimidori Farm & Kitchen」の夫婦は、自宅に招いてくれて同年代のママを紹介してくれたり、信頼できる医療機関を教えてくれたりしました。「カエルトープ」で開催されたカフェイベントでは、同じ地区に住む人が、食事中に娘を預かってくれました。夫婦そろって外でゆっくり食事をするのは久しぶりで、とてもリフレッシュしました。

「田舎で子育てしたい」というのは私たちの理想でしたが、自分の子育ての理想形に固執することの危険性も実感しました。湿疹がなかなか治らない娘の肌を見た同世代のママが、自然治癒させたかった私に「これはもう医者に見てもらった方が良い段階に来ている」と率直なアドバイスをしてくれたのです。おかげで適切な処置を受けさせることができましたが、自分のこだわりにとらわれて、目の前の子どもの状態に適した判断ができなかった自分を反省しました。それ以降、自分の理想よりも目の前の娘の状態を優先するように行動方針を切り替えました。

本当はナチュラルなガーリーテイストな服を着せたいけれど、色やサイズ感や肌触りにこだわりがあるなら、娘が着たい服を着れば良い。本当は木でできた素朴なおもちゃで遊んでもらいたいけれど、カラフルなプラスチック製のジャンクなおもちゃが楽しいならそれで良い。そんなゆるりとした心境で子育てに向き合うようになりました。

それでも、やはりテレビ、スマートフォン、パソコン、ゲームなどのデジタル機器との付き合い方にだけはいまだに頭を悩ませています。いくら自然環境が豊かな田舎に住んでいようとも、モニターを通じて得られる即効性のある快楽からは逃れられません。ひとたび夢中になってしまうと、なかなか画面から離れられなくなったり、隙あらば画面の前に戻ってしまったりするのです。子どものスマホ依存の危険性と脳への悪影響は誰もが直感することですし、昨今ではさまざまな研究でも明らかにされています。最近ではオーストラリアで16歳未満のSNS

利用を禁止する法案も可決されました。

アーミッシュもデジタル機器に頼らない子育てをしています。外遊びに恵まれた田舎に移住したことで自信を得て、私たちもデジタル機器に頼らない育児に挑戦してみたものの、娘が2歳を迎える頃には挫折しました。

長距離移動をする車内やワンオペの日、お客さまが来ていて相手ができない時、騒いだり歩き回れない店内にいる時など、どうしてもスマホに頼ってしまいます。スマホは、ぐずる子どもをすぐに落ち着かせ、静かにさせる優秀すぎるシッターなのです。その後、何度もデジタルデトックスに挑戦しては挫折するの繰り返しです。いったい、デジタル機器と子どものちょうど良い関係はどこにあるのでしょうか？　模索は今後長らく続いていくことでしょう。

1つ確かなことは、人と、自然と触れ合って、全力で遊びに夢中になっている娘はとても生き生きとしており、私はそんな娘を眺めることに、この上ない幸せを感じるということです。

子育てシェア

核家族化が当たり前となった現代において、親だけで子どもを育てるには限界があります。

子育てが経済的にも身体的にも精神的にも負担になることが明らかなため、若者は子どもを持つことをためらい、少子化に歯止めがかかりません。そんな中で私は、田舎での子育てに1つの希望を感じています。

それは、田舎暮らしでは子育てのシェアが自然に発生しやすいから。例えば我が家では、近所に住むH家とお互いの子どもを預け合ったり保育園の送迎をし合ったりという連携が日常的に発生しています。おかげで、子育ての負担がグンと軽減され、さらにH家の子どもたちの成長を我が子同様に感じることができ、幸福が倍増しました。

H家は我が家から徒歩1分の距離で、娘と同じ年齢の男の子と、2つ下の双子がいます。初めはお散歩で顔を合わせる程度でしたが、野菜を届け合ったり村内のイベントで遭遇したりするうちに家族ぐるみで仲良くなっていきました。

子育てを助け合うようになったきっかけは、H家の双子の誕生でした。乳幼児2人と2歳児、合わせて3人の育児は大人2人がかりでは到底足りません。文字通り寝る暇もない壮絶な毎日です。少しでも手助けになれればという気持ちで、息子君が我が家で過ごす時間が増えたことをきっかけに、今ではお互いの家で子どもを預け合うようになりました。

我が家は娘が1人ですが、私たち夫婦だけでは手に負えないシーンも多々あります。息子君を預かることで2人が一緒に遊びながら、ごはん、お風呂、歯磨き、お着替えまでスムーズに進むという効果もあります。我が家は息子君の存在に大きく助けられているのです。子どもは子どもと一緒にいることが好き。1人では嫌がる毎日のルーティーンも、友だちと一緒であれば自ら進んで取り組んでくれます。子育てのシェアは、大人の負担が半減するだけでなく、子どもにとっても楽しいことなのです。

我が家もH家も核家族世帯ですが、2世帯が連携することで拡大家族のような趣を帯び始めています。血は繋《つな》がっていないけれど〝お父さん〟や〝お母さん〟、そして〝兄弟〟のような人が近くに住んでいる。この環境は子どもの感性をより豊かにし、結ばれる絆を増やし、注がれる愛情を何倍にもしてくれるものだと信じています。

都会暮らしでは、近所の家とここまで子育ての連携を図ることは難しかったと思います。日頃から、地域で顔を合わせる機会が多く、少しずつお互いのことを信頼できるようになり、子育ての価値観を知り合い、自分の子どもを任せても大丈夫だという確信が育つ。こういうプロセスはやはり、顔の見える田舎でないと経験できないのではないでしょうか。

周りを見渡してみると、高山村では仲の良い家族同士で子どもを預け合ったり習い事の送迎をし合ったり休みの日に一緒に出かけたりと、友だち同士で子育てをシェアしている家庭が少なくないことが分かりました。小さな村で人と人との距離が近いからこそ起こる自然発生的な子育てシェアは、現代における子育ての負担を軽減する有効な手立てになると感じています。田舎で子育てをシェアし、助け合いの中で負担を軽減していくスタイルを、1つの選択肢としてもっと提案できないか模索していきたいです。

第7章

これからの夢

ホースセラピー

ホースセラピーにはさまざまな手法と考え方があります。私たちが目指すのは、馬小屋の掃除、食事の世話、運動量の配慮、健康管理、体のブラッシングなど、馬と暮らすこと・馬をケアするルーティーンに関わることで、人と馬との絆を育み、双方の健康の維持・向上を期待するというスタイルです。

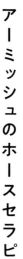

アーミッシュのホースセラピー

私たちの目指す未来は、馬との暮らしを群馬北部で実現すること。そして、一般的に「ホースセラピー」と呼ばれる馬との触れ合いを通じて、人に安らぎを与える場を作ることです。

ホースセラピーとは欧米では医療として確立され、乗馬や馬のお世話を通してメンタルヘルスや障害の症状を改善するために普及しています。

私たちは2022年にアーミッシュコミュニティーに滞在した際、アーミッシュによる子ども向けのホースセラピーを見学し、稲妻に打たれたような衝撃を受けました。

そこでは、子どもたちが費用の負担なしでホースセラピーを受けることができます。活動の資金はすべてコミュニティーの人々の寄付で賄われ、無償のボランティアスタッフが運営を支えていました。身体的、精神的にさまざまな生きづらさを抱える子どもたちが馬に乗り、実際に症状が改善されていると親御さんから伺いました。

セラピーの効果が話題となり、人々はよりこの活動に関心を示し、雪だるま式に支援者が増えているそうです。とある経営者は、従業員が勤務時間中にボランティアに出向くことを認めているほどです。寄付を募るためにチャリティーイベントを開催すると、一日で2000万円ほどが集まると聞き、目を丸くしてしまいました。

さらに感動したのは、ホースセラピーを受ける子どもたちが効果を得るだけでなく、そこに集まってくるボランティアスタッフたちもポジティブに変化していること。馬に乗る子どもたちが自分の支えで症状を改善していく姿を間近で見ることができ、自信に繋《つな》がるといいます。彼らに話を聞いてみると、ここはさまざまな人と交流できる特別な場所なので、毎回来ることを楽しみにしていると語ってくれました。ホースセラピーの会場は、乗馬する子どもたちの生きづらさを軽減する場でありながら、ボランティアスタッフたちの社交の場であり、自信を育む場でもあるのです。

私はそこで、10歳くらいのダウン症の女の子と出会いました。彼女はボランティアの少女3人にサポートされながら、なんと後ろ向きに馬に乗り、ニコニコしながら私と目を合わせてくれました。その子は大きな馬に、しかも後ろ向きに乗って、とても得意気です。そして、この得意気になるということが、とても良い効果を生むのだそうです。馬に乗ることで自信をつけ、自己肯定感が上がり、心も安定していく。この女の子の笑顔を見ていると、そういう効果が確かにある、と実感しました。

他にも、馬と触れ合うことで、人との接し方が穏やかになった、不眠に悩まされていたがスムーズに寝られるようになったなど、小さいことかもしれませんが、本人や家族にとってはおそらくとても大きな変化が訪れる、それがホースセラピーなのだと学びました。

この活動に、ここに集まる人々の輝く姿に、私たちは大きな希望を感じました。今、日本の子どもたちを取り巻く環境は、厳しさを増しています。不登校や精神を病む子どもの増加はそのことを物語っているのでしょう。私たちは親としてだけでなく、一人の大人として、子どもたちの生きづらさという問題と向き合い、何かしらのアクションをとっていきたいのです。

全国の地方官庁、NPO法人、ボランティア団体等がそれぞれの活動を展開していますが、私たちだからこそできることが何かを考え続けていた時、アーミッシュのホースセラピーに出会いました。この活動に心を揺さぶられ希望を感じたこと。すでに馬と暮らすための準備を進めていたこと。パズルのピースがピタリとハマるような感覚を覚えました。

馬の優しさに触れること

アーミッシュカントリーのホースセラピーに衝撃を受けてから、私たちも馬と触れ合う機会を増やしていきました。馬との暮らしを通じたセラピーを展開する牧場へ研修に行ったり、自宅近くの乗馬施設にも通い始めました。

頻繁に馬と触れ合うようになって学んだのは、馬という動物は本来、幼児のように無邪気で、また同時に繊細な生き物だということです。ハエ1匹の存在を警戒したり、聞き慣れない工事の音におびえたり、小さな変化に非常に敏感なので、安心させてあげることが大切です。

食べることが大好きで、好物のリンゴを見ると前足で地面をこすって「早くちょうだい！」と訴えます。放牧されるとウキウキしながら駆けていき、ゴロンと寝転がって背中を地面にこすりつけ、砂まみれで遊ぶ姿がとても可愛らしいのです。

そんな子どものような無邪気さと同時に、大人びた一面も。普段は駆け回って遊ぶのに、私が背中に乗るとピタリと動きを止めてこちらの意思を察知しようと全身で気を遣ってくれます。そして、私の意思に沿ったふるまいをしようと寄り添ってくれます。なんて優しいのでしょうか。私の下手な指示を一生懸命読み取ろうとしてくれる馬の様子に、何度も心を打たれました。

馬との意思疎通は初めはなかなかうまくできませんでしたが、慣れてくると馬との一体感を感じられるようになります。馬と呼吸がピタリと合った時の喜びはひとしおです。

乗馬を終えると、優しく寄り添ってくれた馬に感謝の気持ちを込めてブラッシングをします。ブラッシングは馬にとって至福のひととき。気持ち良さそうに目を細め、大きな体を私に預けてくれる姿を見せてくれると、とても愛おしく感じます。

私にとって馬との交流は、喜びであり癒やしになりつつあります。これからもっと馬に関する体験や学びを深め、より多くの人が気軽に馬の持つ優しさに触れることのできる場所を作っていきたい。今、その決意を新たにしています。

クラウドファンディング

夢の第一歩として動き出した沼田市の宿泊施設に話を戻しましょう。

施設の立ち上げには当初見積もっていた以上の経費が重なっていきました。庭の大幅な改修費や消防設備など、予想外の出費が続いてしまったのでした。宿泊施設としては理想的なものができ上がりつつあるけれど、このままでは馬を飼う前に資金切れしてしまいます。そこで、オンライン上で広く資金を募れるクラウドファンディングへの挑戦を決意しました。

クラウドファンディングでは、群馬北部でのホースセラピー設立への思いを訴えました。私たちの描く未来にどれほどの人が共感し、手を差し延べてくれるのかは未知数で不安でした。

結果、2カ月間で、合計124人の方から214万円の資金が集まりました。これはとても大きな額です。昔からの友人や、アパレル事業のお客さまたち、それから、移住後に出会った多くの人たちが大切なお金を私たちに託してくれたのです。この事実は、これから継続的に私たちを奮い立たせ、また成長させてくれる糧となるでしょう。応援してくれた方々、私たちにエネルギーを与えてくれて、本当にありがとうございます。人の少ない土地に移り住み、小さな服屋を営む私たちの試みに、こんなにも多くの方が期待を寄せてくれることがどんなに励みになったか、計り知れません。移住する前は、田舎に引っ込むことで人間関係の輪が小さくなると想像していましたが、クラウドファンディングを通してその円はむしろ濃く、大きくなったことを実感しました。モノやサービスが中心となる都会から、周囲の人との関係性が重視される地方に移住したこと、その環境こそが、私たちの挑戦を助けてくれたように思います。

クラウドファンディングによって資金が補填《ほてん》され、２０２４年8月に一棟貸し別荘「mitt《ミット》 house《ハウス》 inn《イン》」を開業しました。mittとは、アーミッシュの言語で「共に」という意味。大切な人たちと共に、かけがえのない時間を過ごして欲しい。そんな思いを込めました。

初めての宿泊施設の運営は、とあるオンラインサロンで多くのことを学びながら取り組んでいます。オンラインサロンとは、ＳＮＳなどのツールを利用して、同じ趣味や価値観を持つ人々が集まる会員制のグループです。私たちはこの事業を始める際、「民泊施設の運営」をテーマにしたオンラインサロンに加入し、情報交換や議論に参加することで、里山に住みながら、最新の宿泊施設運営のノウハウを学ぶことができたのです。

コロナ禍以降、オンラインを通した学びの機会は飛躍的に広がりました。関心のあるテーマに沿ったスクールやサロンはどこにいてもすぐに見つかり、即座に参加することができます。今後はこういう方法の情報収集やスキル磨きが当たり前になっていくのでしょう。

集客についてもオンラインツールを活用しています。ＯＴＡ（Online Travel Agency）と呼ばれる、インターネット上で旅行の手配ができるプラットホームに宿のページを作成し、ゲストが直接予約できるような環境を整えました。ＯＴＡは国内のみならず、世界中の人たちが利用します。私たちの施設「mitt house inn」の掲載が始まると、すぐにドバイやイスラエル、南アフリカからも予約が入り始めました。私たちが人生で一度も訪れたことがない土地の人々と、いとも簡単に繋《つな》がりができるなんて、驚きです。

先日もマレーシアから3世代ファミリーがスキーのために宿泊し、インテリアや設備が素晴らしく、初めての日本とスキーを存分に楽しむことができたと喜んでくれました。私たちの工夫や気遣いが、異なる文化の人々に受け入れられたことがとてもうれしかったです。

新たなチャレンジ

オープン後、地域の方々を雇用して清掃チームを結成しました。メンバーと協力し、ゲストへのおもてなしのレベル向上に向けて日々研鑽《けんさん》を積んでいます。これまでの半年間、芝生をもぐらに荒らされてしまったり、ゲストの滞在中にガスが止まってしまったりと、数々のトラブルがありました。それらの課題をチームで１つひとつ解決し、今、なんとか事業が軌道に乗ってきたと感じています。

実は最近、素敵な物件とのご縁があり、2軒目の宿泊施設オープンに向けて準備を進めています。1軒目の学びを存分に活かせるので、事業計画が立てやすく随分と穏やかな気持ちで取り組むことができています。今思うと1軒目の立ち上げは綱渡り感覚でした。右も左も分からず、少し集中を切らすと失敗してしまう。「もう2度とこんな大変な思いはしたくない」と当時は思いましたが、乗り越えてみるとまた新しいチャレンジをしたくなるものですね。

ただ、私たちの宿泊事業が順調なのは円安が後押しするインバウンドブームが背景にあるためです。この状況は長く続かない可能性もあるため、決して楽観はできません。私たちは、アパレル事業、マコモダケ事業、宿泊施設事業の3本柱を景況を見ながらバランス良く育てていく必要があります。場合によっては、また新しい事業を始めるかもしれませんし、ライター業に重きを置くことになる可能性も。いずれにせよ、各事業を営みながら馬と暮らし、ホースセラピーを継続的に行う夢を実現していきたいと思います。それが、私たちにできる地域への恩返しであり、社会に笑顔を増やす貢献の形だと信じています。

「mitt house inn《ミット ハウス イン》」

大切な家族や仲間との思い出作りにご利用いただける一棟貸し別荘を作りました。

広い庭では花火や焚き火も楽しめます。都会ではなかなかできない遊びを存分に味わってもらえるとうれしいです。

1・2.寝室は４室。近隣には温泉多数。スキー場にもアクセス可。近くに人気の道の駅「川場村田園プラザ」があります。私たちのおすすめは、宿から5分以内の「大利根酒造」での酒蔵見学や、「宮田農園」での野菜の収穫体験。**3.**大人数でゆったりとくつろげるLDK。大切な家族や友人同士など、複数グループの滞在に最適な4LDKの間取り。

2

1

3

田園に囲まれた
南向きの一軒家。
庭つきの広いテラスで
BBQや朝食のひとときを
過ごすのが人気です。

mitt house inn

群馬県沼田市白沢町平出306-1
関越自動車道沼田ICから10分
https://www.airbnb.jp/h/mitt-house-inn
一棟貸し切り　一日一組限定（定員12名）
キッチン・ジャグジーバスあり
スマートキーでの無人チェックイン・無人チェックアウト

移住後の失敗

農業をしたり起業をしたり、私たちの移住ライフは軌道に乗っているかのように捉えられるかもしれませんが、実は大きな失敗をしたこともあります。田舎へ移住する人が同じミスを起こさないように、ここに記しておこうと思います。

高山村には村が運営している高原牧場があります。森に囲まれた美しい景観で、数年前まではポニーやヤギなどの動物と触れ合える場として活用されていたそうですが、現在は牛の受託に使われているだけです。広大な放牧地があり、私たちが馬を飼う場所としてはこの上なく理想的です。ちょうど、牧場管理の後継者を探しているという情報を耳にした私たちは早速、自分たちが候補になれないかを伺うための提案資料を作り、役場の担当課に提出しました。

ところが、私たちの提案は即時に拒否されてしまいました。話をする場すらなかったことを残念に感じたのですが、振り返ってみると私たちの方が大きな間違いをしていたのだとよく分かります。

日本中どこでも何かを任せてもらうには信頼が必要です。信頼は人間性やそれまでの実績や普段の振る舞いなどが総合的に考慮され、蓄積されていくものですが、高山村のような昔ながらの地方では、この信頼の土台になるものがあります。それが、「血縁」。つまり、その土地にどんな血の繫《つな》がり、あるいは親族関係があるかです。村では誰かのことを話題にする際、「誰々の息子」とか「誰々の孫の奥さん」とか、家族関係を添えるのがスムーズなやりとりのポイントであり習慣です。この血縁関係が一切ないとなると当然、いくばくかの不安を相手に抱かせてしまいます。信頼もないうえ、村に親族が1人もいない私たちからの突然の提案は、歓迎されるどころか警戒されてしまうのが当然だと思います。

移住してから3年たった今、正しいプロセスはなんだったかを改めて考えてみました。思うに、移住者が村で何かを任せてもらいたい場合は、血縁がないという時点で相手に抱かせてしまう不安を解くことが最初のステップです。その方法はたくさんありますが、表面的に社交的であることや、大それた肩書があることよりも、具体的な村への貢献の方が大切だと思います。例えば、地区の道路愛護活動に毎回出席すること、商工会や消防団や婦人会などの団体に加入して活動に参加すること、お祭りや行事で何らかの役割や役員を担うこと、就農して耕作放棄地を耕し作業に励む姿を見てもらうこと、地域おこし協力隊や地域活性化起業人として村の活性化に寄与することなどです。

不安は一朝一夕では払拭されないので、2~3年はかかるかもしれません。さらに次のステップとしては、村政を担う議員や役場の方に提案したい事案をまず相談し、助言をもらうこと。決してことを急がずに待ちながら、タイミングを見つけて首長にも相談を持ちかける――。突然、役場に資料を提出するのではなく、村にとっても自分たちにとっても自然で納得のいくプロセスが肝要なのかと思います。

地元の人々の移住者への本音

先日、高山村生まれ高山村育ちのおばさまに移住者に対する率直な意見を聞いてみました。「最近、高山村には少しずつ移住者が増えていますが、正直、うれしいですか?」と。すると、非常に端的で納得できる返事をいただけました。「うれしいけど、変な人は、嫌よ」と。

高山村だけでなく、多くの田舎に住む住人の方々がそう思っているのではないでしょうか。いくら過疎化が急速に進んでいるとはいえ、地元の人々からしたら自分たちの暮らしに悪影響がありそうな人が来るのは嫌なのです。変な人が来るくらいなら、来ない方がいいというのが、本音なのではないでしょうか。

昨今、移住をサポートする団体や移住関連イベントが増え、補助金等も整備されていることから、移住希望者の中にはともすると勘違いをしてしまう人がいるかもしれません。移住者は誰でもどこでも歓迎される、と。しかしながら、「地方では移住者が求められている」という風潮は、あくまでメディアや関連団体が作るイメージであって、実際の暮らしが営まれる現場の空気感はまったく異なります。移住希望者がその土地になじめるかを不安に感じるように、地元の人々もどんな人が移住してくるのかを不安に思っています。この双方の不安をきちんと認識したうえで、双方が歩み寄る姿勢がないとその移住は何らかのトラブルを招きやすくなりそうです。村の人の意見を聞き、そんなふうに思いました。

私たちの場合は、近所に住むゆっこさんや、「Kimidori Farm & Kitchen」のご夫婦、他にも多くの方々が正体不明の私たちに、初めに歩み寄ってくれました。一抹の不安があるにも関わらず、手を差し延べてくれたことに今では感謝でいっぱいです。

「幸せな移住」というものがあるのだとすれば、私たちはまだ道半ばです。自分が移住して良かったと言えるだけでなく、地域の人々に、「あの人たちが移住してくれて、どちらかと言えば良かったよね」、そんなふう言ってもらえる日が来ることが、目標です。ゆっくり焦らず、高山村での暮らしを営んでいこうと思います。

里山の四季

冬が終わると、里山は私の大好きな山菜天国に。フキノトウ、タラの芽、コシアブラ、ウド……といろんな種類を味わえます。次々と植物が芽吹き、里山の景色は一気に華やかになります。「山笑う」という表現がぴったりのこの季節に、畑の種まきや田植えが始まります。冬の間、家にこもっていた子どもたちは、待ってましたとばかりに外に飛び出し遊びます。虫にさされたり転んでケガをするなどトラブルもありますが、たくましく成長する様子にこちらまで元気をもらえます。

村のお姉さま方の味噌作りは大迫力でした。釜４つを使って大量に大豆を煮て、キッズプールのような樽で麹と塩を混ぜていく。私はお土産に約３年分の味噌をいただきました。みんなでお米を育てる「シェア田んぼ」のフィナーレは、新米を食べる「収穫祭」。この年はおむすびと、村のお母さんたちお手製のけんちん汁をいただきつつ、わら編みの体験会。御年94歳のおじいちゃんに教わりながら、お正月飾りを作りました。

あとがき

20代前半の頃、営業職として残業や土日出勤もいとわず必死で働いていました。心身ともにすり減っていたけれど、いつか必ず報われて、成長の先に幸せをつかめると信じていました。30歳を目前にした頃、私は変わらない働き方を続けていましたが、一向に幸福を感じる兆しがありません。私は怖くなりました。「このままでは一生幸せになれないのでは」と。

そこで思い切って会社を辞めて、いわゆる「自分探し」の旅へ。幸運にもそこで、アーミッシュの女性たちに励まされ、起業の道が開かれました。

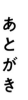

今、とても気をつけていることがあります。それは、「幸せを先送りにしないこと」。いつかつかめるかもしれない幸せのために今を犠牲にするのではなく、今この瞬間に幸せを感じられる行動をすること。そのために日々、自分に問いかけています。「今日1日、幸せだった?」と。

人々の価値観はますます多様化しています。幸せの形もさまざまです。社会に用意された一般的な幸せのレールが、すべての人にフィットするわけでもありません。都会に住んでも田舎に住んでも、会社員でも起業しても、子どもを持っても持たなくても、周りに流されることなく自分の今現在の幸せを追求する——。そんな決断の後押しが本書でできたとしたら、この上ない喜びです。
書籍出版の機会をくださり伴走してくれた編集者の藤井瑞穂さんと、私たち家族を迎えてくれた高山村の人々、人生の道を示してくれたアーミッシュの人たちに心から感謝しながら、結びの言葉としたいと思います。

冬の晴れ間、清らかな空気が広がる高山村で

山中麻葉

「mitt house inn」の庭木には、クラウドファンディングで支援してくれた方々のお名前を入れた樹木プレートをつけました。私たちの暮らしとビジネスを支えてくれる方々への感謝の気持ちをいつも忘れないように。

STAFF

撮影／飯貝拓司　山中麻葉　他
デザイン／小林 宙（verno）
校正／福島啓子
編集／藤井瑞穂

参考文献

『プレイン・ピープル：アーミッシュの世界』
栗原紀子著（愛育社刊）

『アメリカ・アーミッシュの人びと』
池田 智著（明石書店刊）

https://groups.etown.edu/amishstudies/

Down to Earth
Instagram@shop_down_to_earth
HP https://shop.dte-amish.com/

mitt house inn
instagram@mitt_house_inn_japan
HP https://www.airbnb.jp/h/mitt-house-inn

子育て家族の里山移住、ときどき起業。

著　者　山中麻葉
編集人　東田卓郎
発行人　殿塚郁夫

発行所　株式会社主婦と生活社
〒104-8357　東京都中央区京橋３-５-７
編集部　03-3563-5129
販売部　03-3563-5121
生産部　03-3563-5125
https://www.shufu.co.jp/

製版所　東京カラーフォト・プロセス株式会社
印刷所　TOPPANクロレ株式会社
製本所　株式会社若林製本工場

ISBN978-4-391-16426-8

※本書記事中の施設・商品情報は、2025年2月現在のものです（価格は税込）。変更になる場合がありますので、ご了承ください。